Schiller-Studien 3 · 2023

# Friedrich Schillers Tragödie
*Die Jungfrau von Orleans*
(1801)

Lektüren

Herausgegeben von
Helmut Hühn, Nikolas Immer und Ariane Ludwig

im Auftrag des
Schillervereins Weimar-Jena e. V.

Wehrhahn Verlag

Bibliografische Information der Deutschen Nationalbibliothek
Die Deutsche Nationalbibliothek verzeichnet diese Publikation in der
Deutschen Nationalbibliografie; detaillierte bibliografische Daten sind im
Internet über https://portal.dnb.de abrufbar.

1. Auflage 2024
Wehrhahn Verlag
www.wehrhahn-verlag.de
Layout: Wehrhahn Verlag
Umschlagabbildung: Johann Gotthard Müller: Porträtstich von Friedrich
Schiller (1793). Nach Anton Graffs Porträtgemälde (1791). Aus: Gustav
Könnecke: Bilderatlas zur Geschichte der deutschen Nationallitteratur.
Marburg ²1895, Beilage XIV zwischen Seite 310 und 311
Druck und Bindung: Mazowieckie Centrum Poligrafii

Alle Rechte vorbehalten
Printed in Europe
© by Wehrhahn Verlag, Hannover
ISBN 978–3–98859–033–6

# Inhalt

Einführung

Helmut Hühn

Friedrich Schillers Tragödie *Die Jungfrau von Orleans*.
Irritations- und Provokationspotentiale    7

Claudia Benthien

»Fremder Ketten Schmach«. Zur Dynamik von Scham
und Schuld in Schillers ›romantischer Tragödie‹    27

Ulrich Port

Johanna als Blutzeugin. Schillers *Jungfrau von Orleans*
und die politische Konjunktur der Martyriumsidee
in den 1790er Jahren    63

Antonia Eder

Glaube, Liebe, Räume. Geschlechtertopologie und
Raumsemantik in Schillers *Die Jungfrau von Orleans*    93

Jochen Golz

Von der Gründung des Weimarer Schillervereins    129

Siglen    149

Autor*innen    152

Helmut Hühn

# Friedrich Schillers Tragödie
## *Die Jungfrau von Orleans*

Irritations- und Provokationspotentiale

> Dieses Stück floß *aus dem Herzen* und *zu dem Herzen* sollte es auch sprechen. Aber dazu gehört, daß man auch ein Herz habe und das ist leider nicht überal der Fall.[1]

# I. Einleitung

Auch mehr als 200 Jahre nach der Erstveröffentlichung fordert Schillers *romantische Tragödie* die Zuschauer- und Leser*innen heraus und gibt Rätsel auf. Ein Kommentar der jüngeren Forschung deutet eine Vielzahl von Problemen an, die sich bei der Lektüre und Interpretation des Stückes stellen:

> Die neueren literaturwissenschaftlichen Analysen zur *Jungfrau von Orleans* ergeben in der Zusammenschau ein disparates Bild. Anders als bei den übrigen Dramen Schillers besteht selbst in elementaren Fragen kaum Konsens. Innerhalb der Deutungskontroversen ist eine dominierende Tendenz nicht auszumachen. Das Drama gilt als das rätselhafteste unter Schillers Stücken, als in sich widersprüchlich und dem Verständnis nur schwer zugänglich. Schon die Zeitgenossen waren irritiert durch die christlichen und märchenhaften Motive, die Erscheinungen, Visionen und Prophezeiungen, die sich im Stück mit Elementen der griechischen Mythologie verbinden. Auch der opernhafte, am Schluss geradezu pompös wirkende Stil zog immer

wieder scharfe Kritik auf sich. Zum souveränen Spiel mit Motiven und Imaginationen in *Die Jungfrau von Orleans* gehört auch, dass Schiller sich größere Freiheiten im Umgang mit den historischen Quellen erlaubte als sonst. Nicht zuletzt diese Abweichungen von den Quellen gaben den Interpreten Rätsel auf; so veränderte der Autor im Drama Johannas soziale Herkunft und ihre Familienverhältnisse, er erfand das mit ihrer Sendung verbundene Liebesverbot und verlieh ihr, die in der Realität keine Waffen trug und nicht kämpfte, Züge einer Kriegsfurie. Der Friedensvertrag zwischen Burgund und Frankreich, in Wahrheit erst wenige Jahre nach Jeanne d'Arcs Tod geschlossen, wird im Stück als Ergebnis von Johannas Wirken dargestellt. Das Ende der historischen Jeanne d'Arc schließlich – den Inquisitionsprozess und die öffentliche Hinrichtung – gestaltete Schiller gänzlich um: Johanna kann im letzten Akt den Feinden entfliehen und erfährt eine Apotheose.[2]

Auch in über 200 Jahren Wirkungs-, Rezeptions- und Interpretationsgeschichte ist es nicht gelungen, die Irritations- und Provokationspotentiale dieses Stückes zu beruhigen. Grund genug, über dieses theatrale wie literarische Experiment weiter nachzudenken, mit dem eine neue dramenpoetische Phase in Schillers Werk beginnt.[3]

## II. Die (Er-)Findung der Form

Schon bald nach dem Abschluss der *Maria Stuart*, am 1. Juli 1800, nimmt Schiller die Arbeit an dem Drama *Die Jungfrau von Orleans* auf. Das Manuskript kann er – laut seinem Kalender – am 16. April 1801 vollenden. Die Uraufführung des Stücks in Leipzig erfolgt bereits am 11. September und auch die Publikation des Textes im Berliner Verlag von Johann Friedrich Unger wird noch im Jahr 1801 realisiert.[4] Formgeschichtlich betrachtet, entsteht im Verlauf der dichterischen Produktion ein neuer, offener Dramentypus, dem Schiller die Gattungsbezeichnung »Eine romantische Tragödie« zukommen lässt. Dass der Autor in der dramatisch-dramaturgischen Arbeit innovativ verfährt,[5] verdeutlichen auch grundsätzliche poetologische Überlegungen, die er in Briefen anstellt. An seinen Freund Gottfried Körner schreibt er am 28. Juli 1800:

> Das Mädchen von Orleans läßt sich in keinen so engen Schnürleib einzwängen, als die Maria Stuart. Es wird zwar an Umfang der Bogen kleiner sein, als dieses letztere Stück; aber die dramatische Handlung hat einen größern Umfang, und bewegt sich mit größerer Kühnheit und Freiheit. Jeder Stoff will seine eigene Form, und die Kunst besteht darin, die ihm anpassende zu finden. Die Idee eines Trauerspiels muß immer beweglich und werdend sein, und nur virtualiter in hundert und tausend möglichen Formen sich darstellen.[6]

Einen Tag zuvor hatte Schiller Goethe noch mitgeteilt:

> Was mich bey meinem neuen Stücke besonders incommodiert ist, daß es sich nicht so wie ich wünsche in wenige große Massen ordnen will und daß ich es, in Absicht auf Zeit und Ort in zu viele Theile zerstückeln muß, welches, wenn auch die Handlung selbst die gehörige Stätigkeit hat, immer der Tragödie widerstrebend ist. Man muß, wie ich bei diesem Stück sehe, sich durch keinen allgemeinen Begriff feßeln, sondern es wagen, bei einem neuen Stoff die Form neu zu erfinden, und sich den Gattungsbegriff immer beweglich erhalten.[7]

Die poetische »Idee« der Tragödie ist demnach nicht einfach ›gegeben‹, sie realisiert sich sukzessive, und zwar in der konkreten dichterischen Formung des Stoffs. Die Idee kann sich »virtualiter« in unterschiedlichen literarischen Formen darstellen. Für den spezifischen Stoff, den der Dichter wählt, muss er im Rahmen seiner Darstellung die angemessene individuelle Form finden bzw. *erfinden*. In ihr kommt die Idee auf dynamische Weise zur Erscheinung. Im Falle der *Jungfrau von Orleans* setzt Schiller nicht einfach eine allgemeine Gattungsbestimmung voraus oder ins Werk. Er vertraut umgekehrt darauf, dass die aufgrund

Abb. 1: Ferdinand Jagemann: »Johanna d'Arc nach einem alten Bildniß auf dem Rathhause zu Orleans«, gestochen von Ludwig Friedrich Autenrieth. Frontispiz des ersten Bandes *Theater von Schiller* (Tübingen 1805). Klassik Stiftung Weimar.

ihrer poetischen Idee besondere einzelne Tragödie auf eigene Weise zu manifestieren vermag, was die Gattung ausmacht und definiert.[8]

## III. Die ›Überwindung‹ des Historischen?

Der Stoff seines neuen Stücks gilt dem Dichter von Beginn an als »poetisch [...] in vorzüglichem Grade, so nämlich wie ich mir ihn ausgedacht habe, und in hohem Grade rührend.«[9] Noch die vorletzte Regieanweisung des ausgearbeiteten Dramas statuiert wirkungspoetisch die innere Bewegtheit »sprachloser Rührung«.[10] Die dichterische Materie des Theaterstücks ist historisch, legendarisch geprägt und zugleich »ausgedacht«. Schiller erlaubt sich, den überlieferten Stoff nur als Vorlage zu nehmen, die poetisch transformiert werden kann. Seine Phantasie entfaltet sich mehr oder weniger frei an den historischen Quellen.[11] Zwei Tage nach dem Abschluss von *Wallensteins Tod* hatte Schiller Goethe gegenüber betont, »Neigung und Bedürfniß« zögen ihn nun »zu einem *frei phantasierten*, nicht historischen, und zu einem bloß leidenschaftlichen und menschlichen Stoff, denn Soldaten Helden und Herrscher habe ich vor jetzt herzlich satt.«[12] De facto beginnt er aber seine Arbeit an der *Maria Stuart* mit dem intensivem Studium der Quellen.

Im Falle der *Jungfrau von Orleans* entscheidet sich Schiller nicht für die freie Fiktion, sondern für eine freie Neugestaltung des historischen Stoffs. In seinem poetischen Selbstverständnis knüpft er dabei eng an Shakespeare an: Der erste Teil von dessen Historiendrama *King Henry the Sixth* stellt für ihn einen wichtigen Bezugspunkt dar.[13] Von Voltaires Adaption des Stoffs in seinem parodistischen

Versepos *La Pucelle d'Orléans* (1762) setzt er sich dagegen ausdrücklich ab.[14]

Was Schillers künstlerische Bearbeitung schon bei der Konstitution des Stoffs auszeichnet, ist die Akzeptanz von anachronischen Konstellationen und Temporalitäten. Am 24. Dezember 1800 teilt er Goethe mit:

> Ich habe seit Ihrer Abwesenheit meine Tragödie auch um einige bedeutende Schritte vorwärts gebracht, doch liegt immer noch viel vor mir. [ ... ] Das historische ist überwunden, und doch soviel ich urtheilen kann, in seinem möglichsten Umfang benutzt, die Motive sind alle poetisch und größtentheils von der naiven Gattung.[15]

Die Tragödie spielt, wie der Dramentext herausstellt, im Jahr 1430 (»Die Zeit der Handlung ist das Jahr 1430.«).[16] Doch der Autor verknüpft den spätmittelalterlichen Schauplatz der Handlung mit dem der eigenen geschichtlichen Gegenwart. Das verlangt nicht nur eine intensive Historisierung der vergangenen mittelalterlichen, sondern auch der gegenwärtigen Gegenwart der Revolutionsepoche. Problem- und Fragestellungen des späten Mittelalters, die die literarisch evozierte Welt und Wirklichkeit des Stücks charakterisieren, rücken in der Darstellung neben solche, die in zeitgenössischen Debatten und Diskursen ausgetragen werden. Das Historische wird »in seinem möglichsten Umfang benutzt«. Poetisch erzeugt wird auf diese Weise eine bestimmte Form der Gleichzeitigkeit des Ungleichzeitigen. Auch die Leser*innen des Dramas bewegen sich in ihren Lektüren zwischen überblendeten Gegenwartshorizonten, die sich in ihrer Unterschiedlichkeit aufeinander lagern, die sich aber auch wechselseitig konturieren und befragen lassen. Die Lektüre verstrickt die Leser*innen gewissermaßen in eine anachronistische Gegenwart, die man mit Jacques Derrida als eine »spektrale« bezeichnen kann.[17] In ihr koexistieren differente geschichtliche Wahrnehmungsweisen, Bewusstseinslagen und Wirklichkeits- wie Selbstdeutungen.

## IV. Die dichterische Evokation des Wunderbaren

Eine zweite Herausforderung der Rezeption manifestiert sich ebenfalls schon auf der Ebene des Stoffs. Wie die Forschung gezeigt hat, lässt Schiller in seiner Arbeit an der Tragödie eine rein naturalistische Konzeption von Kunst hinter sich.[18] Man müsse im Drama, so heißt es schon im Dezember 1797 in einem an Goethe gerichteten Brief, »durch Verdrängung der gemeinen Naturnachahmung der Kunst Luft und Licht verschaffen«.[19] Die Freiheit, die der Autor sich nimmt, um Phänomene des Wunderbaren im Stück poetisch zu figurieren, konfligiert mit der Wirklichkeitsauffassung eines Naturalismus, den aufgeklärte Leser*innen auch angesichts der Darstellung eines historischen Stoffs erwarten. Körner weist die Folgen eines solchen Konflikts in der Formulierung seiner eigenen Lektüreerfahrungen präzise aus:

> Es gab manche andre verborgene Schwierigkeiten – die Verbindung der Weiblichkeit mit dem religiösen Heroismus – der Charakter des Königs – *die Mischung des Uebernatürlichen mit dem Wahrscheinlichen*, so daß die Grenzen von beydem sich ineinander verlieren – der Vater der Johanna u. s. w.[20]

Die angesprochene »Mischung«, die als latente Lektüreschwierigkeit zum Verlust der »Grenzen« von Wahrscheinlichem und Übernatürlichem führt, schafft Uneindeutigkeiten und vermag die Leser*innen zu verunsichern bzw. zu provozieren.

Abb. 2: Heinrich Meier: Kopf der Göttin Athene, gestochen von Johann Friedrich Bolt. Frontispiz des Erstdrucks von Schillers *Die Jungfrau von Orleans* (Berlin 1801). Klassik Stiftung Weimar.

## V. Der darstellungsinterne Widerstreit der Perspektivierungen

Kennzeichnend für Schillers Tragödie ist ein agonistischer Widerstreit der Perspektivierungen, der – bis zum Ende – nicht aufgelöst wird. Das zeigt sich in besonderer Weise an der Protagonistin des Stücks: »Vom ersten Bühnenbild an bewegt sich die Titelheldin«, wie Albrecht Koschorke herausgestellt hat, »unter dem Vorzeichen einer extremen Ambivalenz – als Überbringerin göttlicher Gnade und Mittlerin zwischen Religion und Politik einerseits, als ein von verborgenen, unheimlichen, heidnischen Mächten umgetriebenes Geschöpf auf der anderen Seite.«[21] Johanna wird im Stück eingeführt über gegensätzliche, einander widersprechende Sichtweisen anderer Figuren. Sie erscheint im Verlauf des Stücks, besonders in den Projektionen der mit ihr verbundenen *dramatis personae*, als »männlich-weibliche Jungfrau-Kriegerin, Göttin-Teufelserscheinung, Muttergottes-Hure.«[22] Johanna wird poetisch so figuriert, dass sie selbst als christliche, marienfromme Heldin in die heidnische Imago der Pallas Athene hinübergleiten kann.[23] Sie ist, wie es im neunten Auftritt des ersten Aufzuges heißt, »Wie eine Kriegesgöttin schön zugleich / Und schrecklich anzusehn«.[24]

Die Forschung hat die Protagonistin als eine »Kunstfigur« gefasst, in ihrer poetischen Konstitution gar als »ein Zitatenfeld divergierender Mythen, literarischer Werke, ästhetischer Stile und zeitgenössischer Parolen« beschrieben, »die sich nicht mehr in die Einheit eines – auch noch so komplex gefassten – Sinnes zusammenführen lassen.«[25] Das widerspricht allerdings dem Verständnis der Figur, das in Schillers Gedicht *Voltaires Pücelle und die Jungfrau von Orleans* (später unter dem Titel: *Das Mädchen von Orleans*) entfaltet wird: Hineingezogen in das Kriegsgeschehen zwischen England und Frankreich, durchlebt Johanna einen inneren Konflikt, in dem der Dichter sie als ein »Bild der Menschheit« hervortreten lässt, die sich »für das Hohe, Herrliche« zu begeistern vermag.[26]

Der darstellungsinterne Widerstreit der Perspektivierungen verdichtet sich noch in der allerletzten Szene, die in der Differenz von Schlussmonolog und Regieanweisung ihre eigene Fraglichkeit mit ausstellt:

JOHANNA.
Seht ihr den Regenbogen in der Luft?
Der Himmel öffnet seine goldnen Thore,
Im Chor der Engel steht sie glänzend da,
Sie hält den ew'gen Sohn an ihrer Brust,
Die Arme streckt sie lächelnd mir entgegen.
Wie wird mir – Leichte Wolken heben mich –
Der schwere Panzer wird zum Flügelkleide.
Hinauf – hinauf – die Erde flieht zurück –
Kurz ist der Schmerz und ewig ist die Freude!

*(Die Fahne entfällt ihr, sie sinkt tot darauf nieder – Alle stehen lange in sprachloser Rührung – Auf einen leisen Wink des Königs werden alle Fahnen sanft auf sie niedergelassen, daß sie ganz davon bedeckt wird.)*[27]

So fragwürdig das religiöse Bewusstsein und Selbstverständnis der sterbenden Protagonistin erscheint, so zweifelhaft erscheint auch ihr religiöser Heroismus, der in bestimmter Hinsicht zu faszinieren und in anderer zu erschrecken vermag. In den Blick rückt gleichermaßen das selbstlose Engagement für die Welt aus der Stärke des eigenen Glaubens heraus wie auch der Zusammenhang von religiösem Glauben und Gewalt. Wolfgang Riedel sieht in Schillers Darstellung eine »doppelte historische Optik« am Werk, die auch die zeitgenössischen Zuschauer*innen einbeziehe:

> Was im Mittelalter – und so auch von den *dramatis personae* – als objektiv geglaubt wurde, kann das aufgeklärte Publikum – und so auch schon der Autor – zugleich als bloß subjektive Einbildung nehmen. Die prämortal euphorisierte Johanna (»Der schwere Panzer wird zum Flügelkleide«) mag für sich und auch für die Umstehenden vollkommen getröstet sein, für den modernen Zuschauer um und ab 1800 ist die Sache komplizierter, melancholischer.[28]

Vor dem Hintergrund von Schillers Religionskritik versichert Riedel, dass das Wunderbare in der Tragödie, »Schillers anthropologisch-psychologischer Grundhaltung entsprechend, ganz in der Subjektivität des Vermeinens und Glaubens, des Deutens und Fürwahrhaltens, auch des bloßen Wähnens, zurückgenommen« sei, und kommt zu dem Ergebnis, dass der Autor »noch die erstaunlichsten Ereignisse [...] in die Schwebe der Perspektiven, ins Uneindeutige und Deutungsabhängige der Zeichen, ins Offene der Ambivalenz« hebe.[29]

Dieses »Offene der Ambivalenz« ist das Resultat einander widerstreitender, gleichberechtigter, aber einander ausschließender Perspektivierungen, die als textuelle Vorgaben in die Lektüren des Dramas eingehen und damit auch seine Rezeptionsgeschichte prägen. Der für die Tragödie konstitutive darstellungsinterne Widerstreit provoziert in der Geschichte ihrer Rezeption »a wide range of often conflicting interpretations«.[30] Michael Hadley deutet den epistemischen Rahmen der Wirklichkeitserkenntnis an, den Schiller mit dieser Darstellungsweise erzeugt: »By offering his audience various perspectives on perceived realities, he highlights the state of ontological insecurity which lies just below the horizon of his characters' view.«[31]

## VI. Das »Ganze« der Darstellung und »die lesende Welt«. Lektüren

Etwa ein Dreivierteljahr nach Fertigstellung erhält Schiller von Christian Gottfried Schütz eine philosophische, kunstmetaphysisch orientierte Rezension seiner *Romantischen Tragödie*. Am 22. Januar 1802 bedankt er sich bei dem Begründer der *Allgemeinen Literatur-Zeitung* für den Erhalt. Obwohl der anonym gebliebene Verfasser – es handelt sich um den Juristen und Dichter Johann August Apel – das Stück durchaus positiv beurteilt, ist Schiller unzufrieden: Ein poetisches Werk müsse in so fern es, auch nur in hypothesi, ein in sich selbst organisirtes Ganze ist, aus sich selbst heraus, und nicht aus allgemeinen, und eben darum hohlen, Formeln beurtheilt werden; denn von diesen ist nie ein Uebergang zu dem Factum.[32]

In der Kritik der Rezension entwirft Schiller gegenüber Schütz weitere Elemente seines Anforderungsprofils für die Lektüre und Würdigung dichterischer Werke:

So will ich die ganze lesende Welt auffordern, mir zu sagen, ob die Recension quaestionis auch nur die geringste *Anschauung* meines Trauerspiels enthalte, ob der Verfasser derselben auch nur in irgend einem Stücke in die *innere Oekonomie* desselben eingegangen ist; denn das Einzelne und Specielle, was er darin berührt, ist gerade von keiner Bedeutung.

Lektüren von poetischen Werken müssen auf das »Ganze« ihrer Darstellung ausgreifen und eine »Anschauung« eben dieses Ganzen zu geben versuchen, auch wenn Widerstreite in herausfordernder Weise nicht aufgelöst oder ›aufgehoben‹ werden. Texte erwachen immer wieder neu zum Leben, wenn sie gelesen werden. Ihre Potentiale und Vorgaben entfalten sich, wie der Literaturwissenschaftler Wolfgang Iser gezeigt hat, durch die Lektüren, die die Leser*innen zugleich in die Gegenwart der Texte verstricken:

In solchen Verstrickungen gründet ein entscheidendes Moment des Lesens überhaupt. Durch sie werden wir in den Text hineingezogen, den wir dann als ein Geschehen erfahren, in dessen Gegenwart wir sind.[33]

Die spannungsvolle Interaktion mit dem Text entfaltet sich – auch bei wiederholtem Lesen – immer wieder neu. »Jede Lektüre wird [...] zu einem Akt, das oszillierende Gebilde des Textes an Bedeutungen festzumachen, die in der Regel im Lesevorgang selbst erst erzeugt werden.«[34]

## VII. Die Beiträge

Die Schillertage 2022 fanden vom 4. bis 6. November in Weimar statt, und zwar in Kooperation des Schillervereins Weimar-Jena e. V. mit der Klassik Stiftung Weimar und der Friedrich-Schiller-Universität Jena. CLAUDIA BENTHIEN eröffnete den Vortragsreigen im Goethe- und Schiller-Archiv mit einer *affektdynamischen Untersuchung*. Ihre Lektüre zielt zugleich auf die tragödientheoretische Selbstreflexion des Dramas. Vergegenwärtigt wird, wie sich Prozesse der Schuld und der Scham in der Figurendarstellung der Protagonistin durchdringen und wie sie sich mit dem für die Tragödie leitenden Konzept von Subjektivität sowie dessen existentieller Beschädigung verbinden. Johannas spektakuläre Selbstbefreiung in der englischen Gefangenschaft liest Benthien von Schillers Konzept der »Autonomie des Subjekts« und seiner in der Auseinandersetzung mit Kant entwickelten Theorie des Erhabenen her. »Aus eigener Kraft – ohne göttlichen Beistand – sprengt sie ihre die ›Schmach‹ der Unfreiheit symbolisierenden Ketten und wird, im Schlachtfeld für das Vaterland sterbend, zur Verkörperung des ›ästhetisch Erhabenen‹«. So gelesen, erscheint Johannas schlussendlicher Befreiungsakt von den Ketten als autonomer Vollzug.[35]

ULRICH PORT unternimmt eine *historisierende Lektüre*, die die religiösen Motive des Dramas in den Fokus rückt und auf diese Weise seine zeitgeschichtlich-politische Bedeutung in der Zeit der Revolutions- bzw. Koalitionskriege herausarbeitet: die Reflexion auf die Beziehungen von *Religion und Politik*. Aufgenommen werden in dem Beitrag die vielfältigen Anklänge an den christlichen Heiligenkult und die hagiographische Literatur, die sich in Schillers *romantischer Tragödie* finden lassen. Man könne »das Drama in den Gattungsspuren von Legende und Marienmirakel lesen, als einen Text, der in recht dichter und auffälliger Weise Erzählschemata, Sujets und schließlich auch, poetologisch-selbstreflexiv, Gattungsbedingungen des legendarischen Erzählens und seiner korrelativen Weltbilder verhandelt.« Dem »›Legendendrama‹« seien vor dem Hintergrund zeitgenössischer Religionskritik die »Erwartungshorizonte eines aufgeklärten Publikums um 1800 eingeschrieben«. Schillers Stück versuche sich, so Port, an einer neuen gebrauchsliterarischen Funktion legendarischer Muster.[36]

ANTONIA EDER analysiert in ihrem Beitrag die *Geschlechterdifferenz und -politik* in Schillers *Die Jungfrau von Orleans*. Verdeutlicht wird, inwiefern das poetische Verfahren die Geschlechterdifferenz in besonderer Weise über die raumsemantische Darstellung zur Erscheinung bringt: »Die geschlechterdifferenziell geprägten Machtverhältnisse des Dramenraums lassen sich«, so Eder, »über die spezifische Position des Körpers im topologisch-theatralen sowie im semantischen Raum diskutieren.« In den Fokus der Aufmerksamkeit rückt dabei die vertikale Dimension der Szenographie und der Dramaturgie und damit zugleich die »Fall-Höhen« der Protagonistin, die vom Prolog über die Szene mit dem Schwarzen Ritter bis zum Finale aufgewiesen werden.

## Anmerkungen

1 Schiller an Göschen, 10. Februar 1802. NA 31, 101.
2 Friedrich Schiller: Die Jungfrau von Orleans. Eine romantische Tragödie. Mit einem Kommentar von Barbara Pothast und Alexander Reck. Frankfurt am Main 2009, S. 193. Vgl. Norbert Oellers: »Und bin ich strafbar, weil ich menschlich war?« Zu Schillers Tragödie *Die Jungfrau von Orleans*. In: Ders.: Friedrich Schiller. Zur Modernität eines Klassikers. Hrsg. von Michael Hofmann. Frankfurt am Main/ Leipzig 1996, S. 247–261, hier S. 247: »Die Rezeptionsgeschichte der Tragödie ist das Ergebnis überspielter Ratlosigkeiten.« Vgl. Karl S. Guthke: Die Jungfrau von Orleans. In: Helmut Koopman (Hrsg.): Schiller-Handbuch. Stuttgart 1998, S. 442–465, hier S. 443: Die »zünftige Forschung« könne nicht verbergen, dass »ihr das Stück befremdend, verwirrend und unzugänglich« sei. Vgl. Viktor Konitzer: Wendungen. Zur Poetik der Peripetie in Schillers *Die Jungfrau von Orleans*. In: Jahrbuch der Deutschen Schillergesellschaft 61 (2017), S. 215–240, hier S. 215.
3 Vgl. Helmut Koopmann: Forschungsgeschichte. In: Ders.: Schiller-Handbuch (Anm. 2), S. 809–932, hier S. 834: »theatralisches Experiment«.
4 Vgl. Friedrich von Schiller: Kalender auf das Jahr 1802. Die Jungfrau von Orleans. Eine romantische Tragödie. Berlin 1801.
5 Zu Schillers dramaturgischer Arbeit nach der *Maria Stuart* vgl. auch Werner Frick: Trilogie der Kühnheit. *Die Jungfrau von Orleans, Die Braut von Messina, Wilhelm Tell*. In: Günter Sasse (Hrsg.): Schiller: Werk – Interpretationen. Heidelberg 2005, S. 137–174.
6 NA 30, 181 (Hervorhebung H.H.).
7 NA 30, 175 f.
8 Vgl. Marie-Christin Wilm: *Die Jungfrau von Orleans*, tragödientheoretisch gelesen. Schillers *Romantische Tragödie* und ihre praktische Theorie. In: Jahrbuch der Deutschen Schillergesellschaft 47 (2003), S. 141–170.
9 Schiller an Körner, 28. Juli 1800. NA 30, 189.
10 NA 9 N II, 164.
11 Vgl. Schillers Brief an Goethe vom 5. Januar 1798: »Ich werde es mir gesagt seyn laßen, keine andre als historische Stoffe zu wählen, frey erfundene würden meine Klippe seyn. Es ist eine ganz andere Operation das realistische zu idealisieren, als das ideale zu realisieren, und letzteres ist der eigentliche Fall bei freien Fictionen. Es steht in meinem Vermögen, eine gegebene bestimmte und beschränkte Ma-

terie zu beleben, zu erwärmen und gleichsam aufquellen zu machen, während daß die objective Bestimmtheit eines solchen Stofs meine Phantasie zügelt und meiner Willkühr widersteht.« (NA 29, 183).
12  Schiller an Goethe, 19. März 1799. NA 30, 39.
13  Vgl. Carl Ferdinand Kummer: Die Jungfrau von Orleans in der Dichtung (Shakespeare, Voltaire, Schiller). Wien 1874; Wolfgang Riehle: Schillers kreative Rezeption von Shakespeares ›Jeanne d'Arc‹-Drama. In: Jahrbuch der Deutschen Schillergesellschaft 55 (2011), S. 119–141.
14  Vgl. Schillers Brief an Wieland vom 17. Oktober 1801. NA 31, 65: »Hat er seine Pucelle zu tief in den Schmutz herabgezogen, so habe ich die meinige vielleicht zu hoch gestellt. Aber hier war nicht anders zu helfen, wenn das Brandmal, das er seiner Schönen aufdrückte, sollte ausgelöscht werden.« Vgl. Gert Sautermeister: Die Jungfrau von Orléans. Schiller contra Voltaire. In: Cahiers d'Études Germaniques 41.2 (2001), S. 63–79; Pierre Hartmann: De Voltaire à Schiller: les métamorphoses de la ›Pucelle‹. In: Ders.: La forme et le sens (II). Nouvelles études sur l'esthétique et la pensée des Lumières. Straßburg 2012, S. 120–150.
15  NA 30, 224.
16  NA 9 N II, 7.
17  Vgl. Jacques Derrida: Marx' Gespenster. Der Staat der Schuld, die Trauerarbeit und die neue Internationale. Aus dem Französischen von Susanne Lüdemann. Frankfurt am Main 2004, S. 162 f.; vgl. die Übersetzernotiz S. 241 f.
18  Rüdiger Zymner: Friedrich Schiller. Dramen. Berlin 2002, S. 114–129, hier S. 114 f.
19  Schiller an Goethe, 29. Dezember 1797. NA 29, 179.
20  Körner an Schiller, 9. Mai 1801. NA 39 I, 67 (Hervorhebung H.H.); vgl. zur Verortung der zeitgenössischen Debatte, an die Körner anschließt: Helmut Hühn: Artikel .›Wahrscheinlichkeit (ästhetisch)‹. In: Historisches Wörterbuch der Philosophie Bd. 12, hrsg. von Joachim Ritter, Karlfried Gründer, Gottfried Gabriel u.a. Basel 2004, S. 304–306.
21  Albrecht Koschorke: Schillers *Jungfrau von Orleans* und die Geschlechterpolitik der Französischen Revolution. In: Walter Hinderer (Hrsg.): Friedrich Schiller und der Weg in die Moderne. Würzburg 2006, S. 243–259, hier S. 244.
22  Ebd., S. 249.
23  Vgl. Robin Harrison: Heilige oder Hexe? Schillers *Jungfrau von Orleans* im Lichte der biblischen und griechischen Anspielungen. In: Jahrbuch der Deutschen Schiller-Gesellschaft 30 (1986), S. 265–305.
24  NA 9 N II, 46, V. 959 f.

25 Bernhard Greiner: Negative Ästhetik: Schillers Tragisierung der Kunst und Romantisierung der Tragödie (*Maria Stuart* und *Die Jungfrau von Orleans*). In: Heinz Ludwig Arnold in Zusammenarbeit mit Mirjam Springer (Hrsg.): Friedrich Schiller. München 2005, S. 53–70, hier S. 64.
26 Vgl. NA 2 I, 129; vgl. zur Untersuchung des inneren Konflikts und seiner Deutung vor dem Hintergrund von Schillers Theorie des Idyllischen Gerhard Kaiser: Johannas Sendung. In: Ders.: Von Arkadien nach Elysium. Schiller-Studien. Göttingen 1978, S. 104–136.
27 NA 9 N II, 164.
28 Wolfgang Riedel: Wie zu sterben sei. Zur *meditatio mortis* bei Schiller. In: Helmut Hühn, Nikolas Immer und Ariane Ludwig (Hrsg.): Schillers Krankheiten. Pathographie und Pathopoetik. Hannover 2022, S. 107–131, hier S. 122 f.
29 Wolfgang Riedel: Religion und Gewalt in Schillers späten Dramen (*Maria Stuart, Die Jungfrau von Orleans*). In: Ders.: Um Schiller. Studien zur Literatur- und Ideengeschichte der Sattelzeit. Hrsg. von Markus Hien u.a. Würzburg 2017, S. 165–185, hier S. 175. Nicht in die »Subjektivität des Vermeinens« zurückgenommen ist allerdings die Regieanweisung, die schon zeitgenössische Leser*innen irritierte (NA 9 II, 160): »Sie hat ihre Ketten mit beiden Händen kraftvoll gefaßt und zerrissen.«
30 Michael Hadley: Moral Dichotomies in Schiller's *Die Jungfrau von Orleans*. Reflections on the Prologue. In: John Whiton (Hrsg.): Crisis and Commitment. Studies in German and Russian Literature in Honour of J. W. Dyck. Ontario 1983, S. 56–68, hier S. 56.
31 Ebd., S. 65.
32 Schiller an Schütz, 22. Januar 1802. NA 31, 94; vgl. Schiller an Goethe, 20. Januar 1802. NA 31, 88; Wilm: *Die Jungfrau* (Anm. 8). Zu den ausführlichen zeitgenössischen Würdigungen der *Jungfrau von Orleans* gehört August Klingemann: Ueber Schillers Tragödie: Die Jungfrau von Orleans. 1802. Mit einer Nachbemerkung neu hrsg. von Gabriella Balassa. Hannover 1997.
33 Wolfgang Iser: Der Lesevorgang. Eine phänomenologische Perspektive. In: Rainer Warning (Hrsg.): Rezeptionsästhetik. Theorie und Praxis. München 1975, S. 253–276, hier S. 270. Vgl. ders.: Der Akt des Lesens. Theorie ästhetischer Wirkung. 2., verbesserte Auflage. München 1984.
34 Wolfgang Iser: Die Appellstruktur der Texte. In: Warning: Rezeptionsästhetik (Anm. 33), S. 228–252, hier S. 234 f.
35 Vgl. Schillers Brief an Goethe vom 3. April 1801, NA 31, 27: »Von meinem letzten Act auguriere ich viel Gutes, er erklärt den Ersten, und

so beißt sich die Schlange in den Schwanz. Weil meine Heldin darinn auf sich allein steht, und im Unglück, von den Göttern deseriert ist, so zeigt sich ihre Selbstständigkeit und ihr Character Anspruch auf die Prophetenrolle deutlicher.«

36 Mittlerweile ist die umfassende Untersuchung von Ulrich Port erschienen: Militante Marienfrömmigkeit. Schillers *Jungfrau von Orleans* und die Politisierung der Religion um 1800. Berlin/Heidelberg 2023 (Studien zu Literatur und Religion / Studies on Literature and Religion, Bd. 7).

Abb. 3: Kostüme auf dem Königlichen National-Theater in Berlin unter der Direction des Herrn Iffland. Berlin 1805–1812. Bd. 1. H. 1. Nr. 5 (Jeanne d'Arc). Klassik Stiftung Weimar.

Claudia Benthien

# »Fremder Ketten Schmach«

## Zur Dynamik von Scham und Schuld in Schillers ›romantischer Tragödie‹

Friedrich Schillers Drama *Die Jungfrau von Orleans* wurde 1801 in Berlin publiziert, spielt aber im frühen 15. Jahrhundert in Frankreich.[1] Es werden mithin zwei historisch und kulturell unterschiedliche ›Zeit-Räume‹ miteinander verknüpft: die durch Aufklärung geprägte Zeit Schillers und das späte Mittelalter. Das Stück weist mit Blick auf das Thema dieses Beitrags, die Dynamik von Scham und Schuld, eine Spannung auf, die sich nicht zuletzt aus der Verknüpfung dieser Zeit-Räume ergibt: Zum einen wird das ›Gewissen‹ als innerpsychische Instanz verhandelt, zum anderen das fatale Ausgesetztsein gegenüber dem öffentlichen Blick. Letzteres – die Beschämung durch Blicke – entspricht eher dem Modell der mittelalterlichen Schamkultur, ersteres – ein inneres Schuldgefühl, ein Subjekt das den Konflikt intrapsychisch erlebt – der neuzeitlichen ›Schuldkultur‹.[2] Psychodynamisch hängen Scham und Schuld eng zusammen und auch im Drama werden sie oft in ihrer Wechselwirkung relevant; in der Psychologie spricht man von ›Scham-Schuld-Zyklen‹.[3] Sie können überdies gegenseitig als Deckaffekte fungieren, d.h. den je anderen verbergen, verdrängen oder zu überwinden suchen.

Bereits in der antiken Tragödie, etwa in Sophokles' *Aias* und *König Ödipus* oder Euripides' *Medea*, ist Scham, ebenso wie Schuld, ein zentrales Handlungsmotiv. Aufgrund der Problematisierung von Sichtbarkeit und Gesehenwerden ist

Scham grundlegend, und in paradoxer Weise, an die theatrale Gestaltung gebunden. Das eindringlichste Beispiel ist die Selbstblendung des Ödipus in der Tragödie des Sophokles, das Herausreißen der eigenen Augen und die gleichzeitige Selbstauslieferung an den öffentlichen Blick. Für die Untertanen ist es eine beschämende Situation, ihren Herrscher als Versehrten und Schuldigen zu sehen (›Gesetz der Fallhöhe‹). Die Tragödie endet mit einer Verabschiedungsszene von Volk und Kindern, bevor der König sich selbst aus Theben verbannt. Dass er sich nicht selbst tötet, sondern mit der Schuld und Schande weiterlebt, lässt sich als eine Art doppelter ›Prozess‹ der Sühne und der Aufsichnahme der genealogischen Erbschuld verstehen.

Die Unterscheidung von Scham- und Schuldkulturen wurde mit Blick auf die Mechanismen sozio-psychologischer Kontrolle entwickelt, die eine Gesellschaft nutzt, um moralische und ethische Standards zu etablieren und aufrecht zu erhalten.[4] Der Anthropologin Ruth Benedict zufolge, die diesen Gedanken als erste ausformuliert hat, beruhen Schamkulturen auf einer äußeren Instanz, die Fehlverhalten sanktioniert. Da innere Kontrollmechanismen nicht (oder nur schwach) ausgebildet sind, muss die Einhaltung von Normen gesellschaftlich abgesichert werden. Schamgefühle entstehen als Reaktion auf eine solche externe Kritik oder Bloßstellung und entsprechend benötigt Scham ein Publikum (oder die Phantasie eines solchen).[5] Schuldkulturen beruhen im Unterschied dazu darauf, dass ihre Mitglieder Moralvorstellungen und Normen verinnerlicht und damit auch die urteilende Autorität internalisiert haben.[6] Sie entstehen daher nicht primär in der Konfrontation mit anderen, sondern im Selbst, das sich in eine schuldige und eine beschuldigende Instanz aufspaltet.[7]

Entsprechend wird die Frage der Schuld in Schillers romantischer Tragödie insbesondere in einem großen Monolog Johannas im vierten Akt aufgeworfen. Sie hält diesen im Krönungssaal der Kathedrale zu Reims, der als Innenraum mit der sich selbst sanktionierenden Psyche korrespondiert. Die Thematik der Scham hingegen findet sich insbesondere in Form einer kollektiven Beschämung der Heldin durch den französischen Hofstaat und die Vertreter:innen der Kirche. Die große Gruppe der Anwesenden sowie der Ort der Beschämung – ein öffentlicher Platz unter freiem Himmel – verbildlichen die Sanktionierung durch eine externe Instanz, was zur mittelalterlichen Schamkultur passt.[8] Insgesamt schwankt das im christlichen Spätmittelalter angesiedelte Theaterstück in seiner dramatischen Konzeption zwischen antik-tragischen Elementen und solchen, die eher moralisch-christlichen, das heißt mittelalterlichen oder frühneuzeitlichen Genres entstammen (z.B. dem barocken Trauerspiel). Bekanntlich sind Schillers Stücke der Jenaer und Weimarer Zeit, die im Anschluss an seine Auseinandersetzung mit Kant und seine wichtigsten ästhetischen Schriften entstanden, keine künstlerischen Lösungen oder Exemplifizierungen der dort formulierten theoretischen Ansprüche; sie verdeutlichen vielmehr, dass deren Umsetzung in die dramatische Praxis Schwierigkeiten aufwirft. Gerade *Die Jungfrau von Orleans* ist diesbezüglich ambivalent.

Schiller bezieht sich in diesem Stück zumindest implizit auch auf die Tragödiendiskussion anderer Autoren, insbesondere auf Schellings kunstphilosophischen Ansatz. Im Zentrum steht dort die Debatte um ›Schuld‹ und ›Notwendigkeit‹, die Schiller auf eigentümliche Weise behandelt. Schellings Leitargument ist, dass der tragische Held bzw. die tragische Heldin keinen (aktiven) Fehler begeht, ihm bzw. ihr aber trotzdem eine existentielle, unausweichliche

Schuld zugeschrieben wird. In der Annahme dieser Schuld als »Nothwendigkeit« erweist sich die (paradoxe) »Freiheit« der Figur.[9] Es scheint, dass Schiller mit Johannas Annahme einer falsch attribuierten Schuld auf diesen Zusammenhang referiert. Als Kriegerin ist Johanna von Orleans durch narzisstische Selbstüberhöhung gekennzeichnet. Sie zieht als Jungfrau in den Kampf und gerät in der Begegnung mit einem männlichen Gegner, dem englischen Heerführer Lionel, in ein moralisches Dilemma. Ein Konflikt zwischen Gebot und Neigung, sozialer Rolle und maßlosem Affekt ist die Folge. Das ›entflammte‹ Begehren und die damit einhergehende Niederlage in der Schlacht werden als vernichtende Schande erlebt. Diese wird durch einen Akt der passiven, internalisierenden Schuldannahme, so die Leitthese dieses Beitrags, abgewehrt.

In den ersten Szenen des Stücks vollzieht sich eine Wandlung von einer unbedeutenden Hirtentochter zur heroischen Persönlichkeit mit politisch-historischem Auftrag; dabei spielen zentrale Dingsymbole eine Rolle (z.B. das Schwert und der Helm), ebenso wie mehrere, ihre Aussagen bestätigende Boten und schließlich der gesamte Habitus ihrer Selbstinszenierung.[10] Verschiedene Forschungsbeiträge haben Johannas souveränes Auftreten mit Max Webers Konzept charismatischer Herrschaft zu erklären versucht:[11] Die Selbstbestimmtheit ihres Führungsanspruchs hängt demzufolge unmittelbar von der Fähigkeit ab, sich als ›begnadetes‹ Subjekt zu behaupten. Johanna gelingt dies aufgrund der Erlösungsbereitschaft der niedergedrückten Franzosen, die sowohl die unerwarteten plötzlichen Erfolge bei den kriegerischen Handlungen als auch die »Kriegsgöttin«[12] selbst als Wunder interpretieren. Aber nicht nur anderen, auch sich selbst gegenüber muss ›die Jungfrau‹ ihren »exzeptionellen Charakter«[13] beständig beweisen. Psychoanalytisch gesprochen, muss sie ihr Ich-Ideal nicht nur selbst errichten – weil Bezugspersonen dafür nicht zur Verfügung stehen –, sondern muss es in Krisensituationen auch aus sich selbst heraus wieder neu generieren; beide Mechanismen erfolgen vorwiegend verbal, in Form der Selbstansprache.[14]

Als Johanna das erste Mal vor den Dauphin tritt, um sich vorzustellen und ihm ihren religiös-nationalen Auftrag zu erläutern, verweist sie auf eine Heilige, die, »ein Schwert / Und Fahne tragend, aber sonst wie ich / Als Schäferin gekleidet«, ihr mit den Worten, »[e]ine reine Jungfrau / Vollbringt jedwedes Herrliche auf Erden / Wenn sie der irdschen Liebe wiedersteht« erschienen sei.[15] Diese Heilige ist wohl nichts anderes als »ein ins Göttliche überhöhtes Bild der Schäferin Johanna«[16] – eine narzisstische Projektion, die ›Unschuld‹ mit ›Macht‹ korreliert. Insgesamt lässt sich feststellen, dass die Dimensionen der (symbolischen) Erhöhung und Erniedrigung im gesamten Drama eine zentrale Rolle spielen – ›Hochgefühl‹ und ›Staubsein‹ gehören (ähnlich wie in Heinrich von Kleists Trauerspiel *Penthesilea*[17]) zu den Leitvokabeln des Stücks. Dem skeptischen Vater Johannas etwa ist jene Ausstrahlung der ›Höhe‹, die seine Tochter besitzt, schon zu Beginn des Stücks unheimlich und unverständlich, wie er ihrem Freier Raimond gegenüber offenbart, als er ihm von drei Träumen berichtet, in denen er sie auf dem Königsstuhl in Reims sitzen sah, und alle, selbst er und der König, sich vor ihr verneigten:[18]

> Wie kommt mir solcher Glanz in meine Hütte?
> O das bedeutet einen tiefen Fall!
> Sinnbildlich stellt mir dieser Warnungstraum
> Das eitle Trachten ihres Herzens dar.
> Sie schämt sich ihrer Niedrigkeit – weil Gott
> Mit reicher Schönheit ihren Leib geschmückt,

> Mit hohen Wundergaben sie gesegnet,
> Vor allen Hirtenmädchen dieses Tals,
> So nährt sie sündgen Hochmut in dem Herzen,
> Und Hochmut ists, wodurch die Engel fielen,
> Woran der Höllengeist den Menschen faßt.[19]

Thibaut interpretiert Johannas vermeintlichen »Hochmut« als Hybris und Sünde und nimmt mit dieser Einschätzung doch zugleich ihren späteren »Fall« und dessen Selbstdeutung durch die Heldin vorweg. Denn diese ist tatsächlich, von jenem »Größenwahn und Auserwähltheitskomplex [betroffen], den Schiller seit den *Räubern* immer wieder an seinen scheinbar so idealistischen Helden kritisch diagnostiziert hat«.[20] Aufgrund ihrer Erfolge und der Bewunderung, die Johanna von allen Seiten erfährt, ist die nur durch sich selbst mögliche Hinterfragung ihrer singulären Position, die den tragischen Kern des Stücks ausmacht, umso gravierender.

Schillers Geschichtsdrama weicht besonders in vier Punkten von der historischen Überlieferung des Lebens und Sterbens der 1412 geborenen und 1431 hingerichteten Jeanne d'Arc ab.[21] Alle vier Punkte, in denen Schiller die »poetische« über die »historische Wahrheit« stellt,[22] hängen mit Scham, Schuld sowie Ehre zusammen, was das Interesse des Dichters an dieser Thematik belegt: Erstens dramatisiert Schiller den Verlust von Johannas Seherstimmen als Strafe für die Übertretung eines Gebots, das ihr zu Beginn auferlegt wurde: »Nicht Männerliebe darf dein Herz berühren / Mit sündgen Flammen eitler Erdenlust«,[23] so zitiert sie die Worte des ihr erschienenen »Geistes«. In dem Augenblick, als sie im Zweikampf den (von Schiller erfundenen) Engländer Lionel ansieht und nicht zu töten vermag, bricht sie ihr Gelübde und wird zur Begehrenden. Zweitens tötet Schillers Johanna zahlreiche Feinde, während die historische Jeanne d'Arc nicht aktiv am Kriegsgeschehen teilnahm und vor Gericht bestritt, jemals einen Menschen getötet zu haben. Als dritter Punkt, in dem Schiller von der Historie abweicht, ist die Einführung der Instanz des Vaters zu nennen, als demjenigen, der moralisch über Johanna richtet und dadurch Initiator ihrer Verbannung durch den König ist. Viertens wird Johanna bei Schiller nicht als exkommunizierte Ketzerin verbrannt, sondern stirbt einen Heldentod mit Apotheose im Schlachtfeld, nachdem sie ihre Ehre durch König und Kirche wiedererlangt hat.

Schon zu Beginn des Stücks wird eine krisenhafte Situation nationaler Beschämung beschrieben: Den Franzosen ist der Kampfgeist abhandengekommen, durch den langen Krieg und die vielen Niederlagen ist das Königreich bankrott und der ungekrönte Thronfolger, Karl der Siebente, zieht es vor, sich durch Gaukelspiel, Troubadors und seine Mätresse Agnes Sorel abzulenken, anstatt sich heldenhaft dem Feind entgegen zu stellen und Strategien zu entwickeln, wie die drohende Eroberung der belagerten Stadt Orleans abzuwenden sei. Johannas Sendung fungiert als Kompensation dieser »Männlichkeits- und Heroismuskrise«.[24] Drei besonders beschämende Ereignisse werden im ersten Akt durch den Offizier La Hire übermittelt: So berichtet er davon, dass der mit den Engländern verbündete Herzog von Burgund die Auslieferung des Grafen Du Chatel fordert, der seinen Vater tötete. Karl bezeichnet dies als »Schmachbedingung«[25] und weist das Anliegen empört zurück. Des Weiteren muss La Hire mitteilen, dass er Burgund den Handschuh Karls umsonst hingeworfen habe. Burgund habe die Forderung des Dauphin nicht angenommen: »nimmer täts ihm not«, gibt La Hire seine Worte wieder, um »das zu fechten, was er schon besitze«[26] und »damit kehrt' er lachend mir den Rücken«.[27] Der Herzog erklärt durch diese Reaktion den

Dauphin als nicht satisfaktionsfähig – angesichts des Standesunterschieds eine infame Beleidigung. Das dritte Ereignis in La Hires Bericht bezieht sich auf die Einsetzung des Jungen Harry Lancaster als König durch das Pariser Parlament. Er musste sogar mit ansehen, wie der Prinz von Isabeau, der ebenfalls auf Seiten der Engländer stehenden Mutter Karls, auf den französischen Thron gesetzt wird:

> Da trat die alte Königin, deine Mutter,
> Hinzu, und – mich entrüstet es zu sagen!
> [...] In die Arme faßte sie den Knaben
> Und setzt' ihn selbst auf deines Vaters Stuhl.
> [...] Selbst die wütenden
> Burgundier, die mordgewohnten Banden,
> Erglüheten vor Scham bei diesem Anblick.
> Sie nahm es wahr und an das Volk gewendet
> Rief sie mit lauter Stimm: ‚Dankt mirs, Franzosen,
> Daß ich den kranken Stamm mit reinem Zweig
> Veredle, euch bewahre vor dem miß-
> Gebornen Sohn des hirnverrückten Vaters!'[28]

Wie empörend Isabeaus Handlung ist, wird daran deutlich, dass dem Bericht zufolge sogar die zu den Engländern übergetretenen »Burgundier« vor Scham erröten. Dadurch werden erstens ihre ›wahren‹ Gefühle für Frankreich unwillkürlich offenbart und zweitens die ›Widernatur‹ der den eigenen Sohn verleugnenden Königin. Die Krise Frankreichs ist auch und vor allem eine Krise der patrilinearen Erbschaftsfolge.[29] Wenn Isabeau Karl als »kranken Stamm« bezeichnet, dessen vermeintlich »hirnverrückte[]« Genealogie zu unterbrechen sei, nimmt sie indirekt auf die antike Tragödientheorie und den Gedanken der Erbschuld Bezug. Ein solches Anzitieren von Tragödientheorien hat in diesem Stück durchaus Methode.[30] Hier dient es nicht nur der Verdeutlichung der Dramatik dieser Krise der Souveränität, sondern auch der symbolischen Beschämung des Dauphin, der sich bei La Hires Worten auch sofort »*verhüllt*«.³¹ In allen drei durch La Hire geschilderten Szenarien ist besonders schmachvoll, dass die zurückweisende oder missachtende Handlung durch ein Mitglied des eigenen Volkes, im letzten Fall gar der eigenen Familie, geschieht.

Die Situation Karls und seiner Verbündeten hat also nicht nur militärisch, sondern auch psychologisch einen Tiefpunkt erreicht, aus dem sie nur noch ein Wunder erretten könnte. Dieses Wunder geschieht, als in der nächsten Schlacht unvermittelt Johanna erscheint, »mit behelmtem Haupt / Wie eine Kriegsgöttin, schön zugleich / Und schrecklich anzusehn«.³² Mit einem Kampfschrei reißt die amazonenhafte Jungfrau die Kriegsfahne an sich und führt die Franzosen, die nicht wissen, wie ihnen geschieht, mit sich in die Schlacht. Das Resultat dieser Überwältigung sind zweitausend getötete Engländer und kein einziger toter Franzose³³ – was als göttliche Fügung und Wunder interpretiert wird. Als Johanna vor den Dauphin geführt wird, gibt sie explizit an, in ihren Gebeten die Jungfrau Maria angefleht zu haben, »fremder Ketten Schmach«³⁴ von ihren Landsleuten abzuwenden. Bereits mit der ersten Kriegshandlung scheint ihr dieses Ziel nachdrücklich gelungen zu sein, wie der Blick ins englische Lager zeigt, wo der Anführer Lionel die Stadt Orleans bereits als »Grab unseres Ruhms« beklagt:

> – O Orleans! Orleans! Grab unsers Ruhms!
> Auf deinen Feldern liegt die Ehre Englands.
> Beschimpfend lächerliche Niederlage!
> Wer wird es glauben in der künftgen Zeit!
> Die Sieger von Poitiers, Crequi
> Und Azincourt gejagt von einem Weibe!³⁵

Die besondere Schande der Engländer besteht in der durch eine Frau verursachten Niederlage. So formuliert auch der Feldherr Talbot entsetzt: »Ein Weib entriß mir allen Siegesruhm?«[36] und nennt Johanna ein »Phantom des Schreckens«, das »unsre Völker blendet und entmannt«.[37] Die Wortwahl verdeutlicht, dass die unerwartete Niederlage von den Engländern als symbolische Kastration erlebt wird. Einzige Möglichkeit der Ehrrettung, und mithin der symbolischen Wiederherstellung eines körperlich integren Kollektivkörpers, wäre der Sieg über die Feindin im Zweikampf, wie Talbot vorschlägt. Lionel antwortet:

> So sei's! Und *mir*, mein Feldherr, überlasset
> Dies leichte Kampfspiel, wo kein Blut soll fließen.
> Denn lebend denk ich das Gespenst zu fangen,
> Und vor des Bastards Augen, ihres Buhlen,
> Trag ich auf diesen Armen sie herüber
> Zur Lust des Heers, in das britannsche Lager.[38]

Sein Vorschlag des Zweikampfs mit Johanna – mit dem Ziel ihrer Überwindung und anschließenden kollektiven Schändung durch das englische Heer – macht deutlich, dass Lionel in ihr zwei Feinde zugleich besiegen will. Einerseits möchte er sie als gleichberechtigten Gegner überwinden – quasi ›von Mann zu Mann‹ –, um seine Ehre wiederzuerlangen. Andererseits möchte er ihre Ehre mittels jener geschlechtsspezifischen Sanktion zerstören, die in Kriegen systematisch Frauen und Mädchen erleiden. Schon zu Beginn des Stücks heißt es in diesem Sinne über die Engländer: »In frechem Mute haben sie geschworen, / Der Schmach zu weihen alle Jungfrauen«.[39] Es ist eine Symbolpolitik der Beschämung, die die Körper beider Geschlechter als versehrbar versteht, da Schande und Machtverlust gewaltsam in sie einschreibbar sind.

In dem dann tatsächlich stattfindenden Gefecht zwischen Lionel und Johanna ereilt sie aber eine ganz andere Form der Schande – weder ein schmachvolles kriegerisches Versagen, noch ein demütigender sexueller Übergriff. Zunächst scheint sie ihn zu besiegen, sie schlägt ihm das Schwert aus der Hand, beide ringen miteinander und Johanna »*ergreift ihn von hinten zu am Helmbusch und reißt ihm den Helm gewaltsam herunter, daß sein Gesicht entblößt wird, zugleich zuckt sie das Schwert mit der Rechten*«.[40] Doch als sie ihn mit dem Ausruf »Die heilge Jungfrau opfert dich durch mich«[41] töten will, sieht sie ihm ins Gesicht, »*sein Anblick ergreift sie, sie bleibt unbeweglich stehen und läßt dann langsam den Arm sinken*«.[42] Lionel fleht sie an, »[n]imm mir das Leben auch, du nahmst den Ruhm«,[43] doch sie gibt ihm ein Zeichen zu entfliehen. Beide bitten sich nun gegenseitig um den Tod – ein paradoxes wechselseitiges Gefühl der ›Vernichtung‹, das aber unterschiedliche Ursachen hat: Der Heerführer sieht sich als Krieger entehrt, die Jungfrau fühlt sich nichtswürdig, da sie ihr Gebot übertreten hat. Als Folge verbirgt sie ihr Gesicht vor seinen Blicken, wie Schiller mehrfach betont.[44] Diese Gebärde wird im 18. Jahrhundert als Bühnenzeichen für Scham vorgeschlagen.[45] In Johann Jakob Engels *Ideen zu einer Mimik* liest man etwa, dass der Beschämte seinen Blick und sein Gesicht zu verbergen sucht, weil sich darin der Schamaffekt manifestiert. Aber der Blick wird nach Engel noch aus einem zweiten Grund niedergeschlagen, der für die vorliegende Szene wichtig ist: weil die Gefahr besteht, dass er das Gegenüber, willentlich oder nicht, bezaubert. Der gesenkte Blick und die darin aufscheinende weibliche »Schaamhaftigkeit«[46] Johannas affizieren Lionel auch tatsächlich. Er sagt ihr, dass er sie schützen und mit sich nehmen möchte, was sie entsetzt von sich weist. Trotzdem entflieht ihr der Ausruf, ich »sterbe, wenn du fällst von ihren Händen!«[47] – Liebesgeständnis und Ausdruck ihres Selbstverlusts zugleich.

Mit dem wechselseitigen Blick der Jungfrau und ihres Feindes theatralisiert Schiller einen Augenblick visueller Verschmelzung, in dem beide Beteiligten momenthaft eine überwältigende, aber lustvolle Faszination erleben. Es ist ein kurzer Moment ›schamfreier‹,[48] ungeschützter reziproker Wahrnehmung: Die intime Erfahrung des *coup de foudre* wird von Lionel umstandslos in sein Männlichkeitsschema überführt, indem er die nun in ihren Reizen erkannte, vormals zur Schändung vorgesehene Feindin zur Frau begehrt. Dass sie nur ihn nicht zu töten vermag, führt zu einer rauschhaften, narzisstisch-sentimentalen Aufwertung seines Selbst: »Du rührst mich, du hast Großmut ausgeübt / An mir allein, ich fühle, daß mein Haß / Verschwindet, ich muß Anteil an dir nehmen!«[49] Johanna hingegen ist zu einer solchen Spiegelung im Anderen nicht fähig, da sie ihr weibliches Selbst grundlegend negiert und im Auftrag einer göttlichen Instanz agiert, und diese durch ihre ›menschliche‹ Schwäche maßlos beschämt zu haben glaubt: Sie beklagt, »unwürdig«[50] zu sein, ihre Waffen weiter zu führen, lässt sich von Lionel ihr – symbolisch aufgeladenes – Schwert entreißen und fällt, als La Hire und Dunois sie nach Lionels Abgang allein vorfinden, in Ohnmacht, was zwar durch eine leichte Verwundung äußerlich legitimiert, psychodynamisch aber als Flucht vor sich selbst zu deuten ist.

Durch die hier ausführlich analysierte Scham-Szene wird die Selbstreflexivität der Heldin initiiert: »Wenn Johanna Lionel den Helm abreißt und ihn erkennt, erblickt sie gleichzeitig sich selbst. Ihr Bewußtsein, in der Szene mit dem schwarzen Ritter noch als fremdes erfahren, wird eigenes Bewußtsein [...].«[51] Johannas Reaktion der Abwendung vom Gesicht Lionels führt zu einer »Blickwendung nach Innen«.[52] Als von einer göttlich-patriotischen Mission Geleitete spricht Johanna bis zur Begegnung mit Lionel oft in der dritten Person von sich selbst (z.B. »Mit ihrer Sichel wird die Jungfrau kommen«[53]) oder formuliert im Futur die durch sie als Medium zu erwirkenden kriegerischen Ziele. Erst im Anschluss an das Blick-Ereignis und die Erfahrung von sich selbst als Wahrgenommene – ihrem persönlichen ›Sündenfall‹ – begreift Johanna sich als ›Selbst‹: als ein Subjekt, das fähig ist, zu sich eine Distanz einzunehmen.

Im Anschluss an die Lionel-Szene folgen die Krönungsfeierlichkeiten des Dauphin. Der vierte Akt beginnt mit einem langen lyrischen Monolog Johannas, den sie im leeren Krönungssaal der Kathedrale zu Reims hält. Schillers Unterlegung dieser Szene durch »*Flöten und Hoboen*«, später durch eine »*schmelzende Melodie*«,[54] dient der Emotionalisierung der Protagonistin mit dem Ziel, »den Widerstand Johannas gegen ihr Gefühl zu brechen«;[55] auch bei den Zuschauer:innen soll sich die viel beschworene ›Rührung‹ einstellen.[56] Der Monolog wird durch die Gestaltung in Stanzen, liedartige Strophen sowie die Musikbegleitung vom übrigen Drama stilistisch abgehoben, um den inneren Kampf Johannas herauszustellen, als einen »lyrisch repräsentierten Innenraum des Subjekts«.[57] In ihrem Monolog sowie dem daran anschließenden Gespräch mit Agnes Sorel offenbart Schiller die Psyche seiner Protagonistin. War sie zuvor sämtlichen Beteiligten wie auch den Zuschauer:innen eine enigmatische Erscheinung, die nicht von sich selbst, sondern nur von der durch sie als Medium zu vollziehenden Sendung sprach – und dies zumeist in Befehlsform –, kehrt sie nun ihre seelische Befindlichkeit nach außen, sucht die innere Zerrissenheit zu begreifen. Das Publikum wird zu Zeug:innen dieser psychologischen Selbstbefragung, die in einem prototypischen Monolog realisiert wird:

> Die grenzenlose Disponibilität ihres eigenen Tuns und Denkens sowie die Spaltung ihrer Person in Subjekt und Objekt bzw. die Selbstdivision in Richterin und Angeklagte: Das sind die Voraussetzungen für die schonungslose Selbstanalyse und Selbstanklage sowie für die rigorose Selbstverurteilung und Selbstverdammung.[58]

Die Situation des Monologs im Drama erzeugt eine »riskante Zäsur«, indem die tendenziell »stillgelegten Beziehungen zur Mitwelt [...] zur Gegenwelt des Ich, des monologisierenden Universums [werden]«.[59] Riskant ist dies hier, weil sich Johannas Schuld- und Unwertgefühle durch die Selbstbefragung verstärken, geradezu verabsolutieren. Für die Dynamik von Scham und Schuld ist die Struktur von Johannas Monolog aufschlussreich, den Schiller als einen Dialog unterschiedlicher Ich-Instanzen gestaltet:

> Sollt ich ihn töten? Konnt ichs, da ich ihm
> Ins Auge sah? Ihn töten? Eher hätt ich
> Den Mordstrahl auf die eigne Brust gezückt!
> Und bin ich strafbar, weil ich menschlich war?
> Ist Mitleid Sünde? – Mitleid! Hörtest du
> Des Mitleids Stimme und der Menschlichkeit
> Auch bei den anderen, die dein Schwert geopfert?
> Warum verstummte sie, als der Walliser dich,
> Der zarte Jüngling, um sein Leben flehte?
> Arglistig Herz! Du lügst dem ewgen Licht,
> Dich trieb des Mitleids fromme Stimme nicht![60]

In den ersten Versen spricht Johanna in der ersten Person Singular (Ich$_1$) und sucht sich zu rechtfertigen:[61] Lionel nicht zu töten, interpretiert sie als Menschlichkeit, die der Blick in seine Augen wachrief und wodurch sie die vorherige Emotionslosigkeit beim Töten verliert. »Mitleid«, so das Argument, könne keine »Sünde« sein – sie rekurriert an dieser Stelle nicht zufällig auf jene Kategorie, die von Gotthold Ephraim Lessing zur Leittugend des Bürgerlichen Trauerspiels wie auch des aufgeklärten, sozial verantwortlichen Bürgers erklärt wurde, um das Gefühl zu nobilitieren und zugleich die eigentlichen Beweggründe zu camouflieren. Im fünften Vers aber schaltet sich eine andere Stimme (Ich$_2$) ein, die der ersten genau zugehört hat und das Ich$_1$ ›objektiv‹ prüft – der Monolog wird intern dialogisiert,[62] indem das Ich$_1$ in der grammatikalischen Form der zweiten Person Singular angeredet wird. Ihm wird vom Ich$_2$ die gewissenlose Ermordung Montgomerys, der inständig um sein Leben flehte, vorgehalten, um den Nachweis zu erbringen, dass der Nichttötung Lionels andere, weniger »fromme« Motive zugrunde lagen und dass das Ich$_1$ daher lügt, wenn es von ›Mitleid‹ spricht. Das Gewissen wird hier wesentlich akustisch – als Selbstansprache – aufgefasst, wenn von der »Stimme« des Mitleids die Rede ist, die »verstummte«, als »der zarte Jüngling« Montgomery »um sein Leben flehte«.[63] Das angeklagte Ich$_1$ antwortet in der nachfolgenden Strophe auf diese Beschuldigungen und Vorwürfe nicht, sondern beginnt über den begangenen Fehler – Lionel als Person nicht negiert, ihm stattdessen sogar tief in die Augen geblickt zu haben – zu klagen. Zugleich wandelt sich der (auf der Dimension des Hörens aufbauende) Diskurs des Gewissens in eine (auf der Dimension des Sehens aufbauende) Reflexion über Scham:

> Warum mußt ich ihm in die Augen sehn!
> Die Züge schaun des edeln Angesichts!
> Mit deinem Blick fing dein Verbrechen an,
> Unglückliche! Ein blindes Werkzeug fodert Gott,
> Mit blinden Augen mußtest dus vollbringen!
> Sobald du *sahst,* verließ dich Gottes Schild,
> Ergriffen dich der Hölle Schlingen![64]

Die Nichttötung Lionels und der begehrliche Blick auf den Feind werden von dem nun die Position des Über-Ich vertretenden Ich$_2$, das ab der dritten zitierten Zeile wieder spricht, mit dem drastischen Attribut »Verbrechen«[65] belegt, wodurch die vom $Ich_1$ in der Strophe zuvor angeführte religiöse Kategorie der ›Sünde‹ in ein weltliches Register – der juristischen Schuld – überführt wird. Möglicherweise nimmt Schiller mit diesem Begriff sogar auf die tragödientheoretische Formulierung Schellings Bezug, demzufolge der tragische Held »*nothwendig* eines Verbrechens schuldig« würde und ein dramatisches Werk desto tragischer sei, je schwerer diese Schuld wiegt, wie er am Beispiel der Figur des Ödipus argumentiert, die um 1800 zum Paradigma tragischer Schuld avanciert.[66] Dass das $Ich_2$ das $Ich_1$ sodann als »Unglückliche« anspricht, kennzeichnet sein Schicksal als tragisch im Sinne Schellings: Johanna wird (ihrer Selbstdeutung zufolge) ›unschuldig schuldig‹ an einem (wie Schelling es nennt) »Verbrechen« – dies aber, wie $Ich_2$ weiter argumentiert, sehr wohl aufgrund des individuell zurechenbaren Versagens, Gott nicht ›blind‹ gehorcht zu haben.[67]

Mit der Spaltung des Ich in zwei Stimmen rekurriert Schiller auf Kants Modell des Gewissens als einem im Bewusstsein situierten inneren Gerichtshof. Ein Teil des Selbst klagt den anderen an[68] – Schiller gestaltet dies als dramatische Gerichtsrede mit verteilten Rollen. Dabei ist es kein Zufall, dass dieser ›Prozess‹ (im doppelten Wortsinn) anhand einer Figur dargestellt wird, die unter göttlicher Anweisung handelt. Denn nach Kant ist allein Gott – oder: ›Prinzip Gottes‹ – als unparteiische, ›idealische Person‹ eines inneren Richters vorstellbar. Es ist diese performative Macht des inneren Richterspruchs – »*die sich selbst richtende moralische Urteilskraft*«[69] eines »Bewußtseins, das für sich selbst Pflicht ist«[70] –, die in Johannas Monolog zum Tragen kommt, indem Klage und Selbstmitleid beständig von bohrenden Fragen des Gewissens unterbrochen werden.

Für das abschließende Urteil der ›inneren Richterin‹ (Ich$_2$) ist es daher nahezu irrelevant, dass die ›Angeklagte‹ (Ich$_1$) erstens Reue über ihre Mission insgesamt zeigt[71] und zweitens, auf ihren vormaligen Zustand der »Hirtenunschuld«[72] hinweist, den sie nicht willentlich aufgegeben habe:

> Schuldlos trieb ich meine Lämmer
> Auf des stillen Berges Höh.
> Doch du rissest mich ins Leben,
> In den stolzen Fürstensaal,
> Mich der Schuld dahinzugeben,
> Ach! es war nicht meine Wahl![73]

Johanna befindet sich im vierten Akt in der »Hölle der Schuld«, und zwar aufgrund des Umstands, dass durch die Schonung eines Mannes »alle ihre bisherigen Tötungen zur Willkür, zum Mord geworden«[74] sind, sie also auch diese moralisch zu verantworten habe. Ihre Schuld besteht für Johanna nicht allein im Abweichen von ihrer Sendung, sondern sie empfindet starke »Selbstzweifel an der patriotischen Brutalität«,[75] so dass sie ihr Handeln an sich, und die damit einhergehende narzisstische Überhöhung ihrer Person, nunmehr als schuldhaft empfindet.

Ebenso vielfältig wie die göttlichen Instanzen, auf die sich Johanna im Verlauf ihrer religiös-politischen Mission beruft, sind auch die Dimensionen der Schuld und der Scham, die von Schiller zur Motivierung der Peripetie aufgerufen werden. Denn bemerkenswert ist, dass sich neben dem hier erörterten Schulddiskurs in dieser Szene sowie im nachfolgenden Dialog mit Agnes Sorel auch ein Schamdiskurs Johannas findet. Der Verstoß gegen das Gebot der jungfräulichen Sendung führt zur Feminisierung der Heldin: Sie entdeckt ihre Emotionalität, ihr Begehren, ihren Körper und erfährt sich schockartig als *gendered subject*.[76] Hier zeigt sich »Schillers tiefsitzende Überzeugung, dass [...] Frauen nicht politikfähig sind, weil ihnen jederzeit das fatale Missgeschick zustoßen kann, von ihren Emotionen überwältigt zu werden«,[77] was im Fall der Jungfrau von Orleans ihren bis dato vorherrschenden charismatischen Führungsanspruch umstandslos vernichtet. Der wahrgenommene eklatante Rollenkonflikt führt zu einem Gefühl existenziellen Unwerts, wie sich bereits zu Beginn des Monologs andeutet: »Des höchsten Gottes Kriegerin, / Für meines Landes Feind entbrennen! / Darf ichs der keuschen Sonne nennen, / Und mich vernichtet nicht die Scham!«[78] – hier ist nicht die Rede von ›Schuld‹, sondern von ›Scham‹, da Johanna sich in ihrer ganzen Existenz als unwert erachtet.[79] Dies wird durch die Metapher der mächtigen Sonne verdeutlicht, deren als allsehendes Auge interpretiertes Licht sie nun scheut. Mehrfach artikuliert sie im Kontext des aktuellen Geschehens überdies einen Suizidwunsch.[80] Ihre Gefühle der Größe und Auserwähltheit kollabieren, als ihr durch die Begegnung mit einem individuierten Feind schockhaft deutlich wird, dass ihre »illusionistische Selbstschöpfung als ›die Jungfrau‹« nur »menschliche Hybris und geborgte Autorität« ist.[81]

Entsprechend ist im Dialog mit Agnes Sorel von Scham, nicht von Schuld die Rede: weil Johanna hier erstmalig nach ihrem ›Sündenfall‹ mit einem Gegenüber konfrontiert ist, noch dazu mit einer Frau, die sie genau beobachtet und sie überreden möchte, künftig dem Kampf zu entsagen und ihre Weiblichkeit zu leben. Johanna reagiert auf diese Vorschläge mit der Bemerkung, »o möchte siebenfaches Erz / Vor euren Festen, vor mir selbst mich schützen!«[82] und als Agnes ihr zu schmeicheln sucht – »Dir huldigt, dich preist ein glücklich Volk, / Von allen Zungen überströmend fließt / Dein Lob, du bist die Göttin dieses Festes, / Der König selbst mit seiner Krone strahlt / Nicht herrlicher als du«[83] –, entgegnet sie: »O könnt ich mich / Verbergen in den tiefsten Schoß der Erde!«[84] Doch in der Art und Weise, wie Johanna indirekt auf die Thematik der »Männerliebe« reagiert, als Agnes Sorel ihr ihre »Schwäche« gesteht, dass ihr Ruhm, Vaterland, Siegestaumel letztlich gleichgültig sind, weil für sie nur ihr privates Glück mit Karl zählt,[85] wird offenbar, dass Agnes sich bis dahin in der Jungfrau getäuscht hat: »Ja, ich verkannte dich, du kennst die Liebe, / Und was ich fühle, sprichst du mächtig aus«[86] – und fällt ihr als Freundin um den Hals. Johanna aber »*entreißt sich mit Heftigkeit ihren Armen*«[87] und fordert Agnes auf:

> Verlaß mich. Wende dich von mir! Beflecke
> Dich nicht mit meiner pesterfüllten Nähe!
> Sei glücklich, geh, mich laß in tiefster Nacht
> Mein Unglück, meine Schande, mein Entsetzen
> Verbergen [...]
> Sähst du mein Innerstes, du stießest schaudernd
> Die Feindin von dir, die Verräterin![88]

Obgleich Johanna in dieser Szene mit ihrer drastischen, ans Paranoide grenzenden Scham-Reaktion indirekt alles preisgibt, hat dies keine Folgen für den Handlungsverlauf, weil Agnes Sorel nicht mehr als sprechende Figur erscheint und Hinweise darauf, dass sie über das hier Erfahrene mit einer anderen Person spricht, fehlen. Ihre dramaturgische Funktion besteht also allein darin, Katalysator für Johannas Affektausdruck zu sein, damit den Zuschauer:innen offenbar wird, was in der Heldin vorgeht. Sie ist eine in sich ruhende, empfindsame Kontrastfigur, deren naive ›Unschuld‹ Johannas Scham ins Unermessliche steigert. Zugleich kommt der Begegnung die Funktion einer zweiten Peripetie zu – der Wendung ins Negative, Unheilvolle –, weil Agnes eigentlich auftritt, um Johanna zu ermuntern, aber das Gegenteil erreicht.[89]

In der hier sich offenbarenden Befindlichkeit, dem brennenden Wunsch, im Erdboden zu versinken, trifft Johanna auf ihren Vater. Diese Begegnung löst eine Art öffentliches Schuldtribunal aus: Die zuvor monologisch gestaltete innere Anklageszene wird durch eine äußere dupliziert (und dadurch im Wortsinn ›realisiert‹). Der die Krönungszeremonie einleitende große Festzug wird von Schiller als »grandioses Gemeinschaftserlebnis«[90] inszeniert, aus dem Johanna emotional ausgeschlossen ist, wenngleich sie an prominenter Stelle – nach der hohen Geistlichkeit und direkt vor dem König – schreitet. Als eine »geknickte Allegorie des Sieges«[91] trägt sie die einst glorifizierte Fahne nun mit »*gesenktem Haupt und ungewissen Schritten*«[92] – nur das Publikum kann zunächst diese Wandlung wahrnehmen. Der nunmehr gekrönte König Karl VII. betont in seiner Rede, er verdanke sein Glück allein der Jungfrau und fordert sie auf: »[L]aß dich sehn in deiner Lichtgestalt, / Wie dich der Himmel sieht, daß wir anbetend / Im Staube dich verehren«.[93] Mit diesen pathetischen Worten wendet Karl sich an ihre einstige heroische Größe, was in harschem Kontrast zu ihrem akuten Selbstgefühl steht. Auf seinen Appell folgt »[*e*]*in allgemeines Stillschweigen, jedes Auge ist auf die Jungfrau gerichtet*« und in diesem ›Augenblick‹ tritt Thibaut »*aus der Menge und steht Johanna gerade gegenüber*«.[94]

Thibaut – der gleich erkannt hat, dass mit seiner Tochter etwas nicht stimmt, als er sie beim Herausstürzen aus der Kirche beobachtet hat – stellt sie zur Rede. Er hinterfragt ihre Gottgesandtheit, unterstellt ihr »dreist[] Lüge[n]« und »Gaukelspiel«[95] und fordert sie reimend auf: »Antworte mir im Namen der Dreieinen, / Gehörst du zu den Heiligen und Reinen?«[96] Es folgt die Bühnenanweisung: »*Allgemeine Stille, alle Blicke sind auf sie gespannt, sie steht unbeweglich*«.[97] Die ›Gespanntheit‹ der von allen Seiten penetrierenden Blicke, die im Sinne der Gefühlstheorie des Philosophen Hermann Schmitz als »aggressive Vektoren« fungieren, »mit denen die ergreifende Macht den Beschämten durchbohrt«,[98] ist für die Schamszene konstitutiv. Johanna verharrt in dieser Erstarrung. Den Nachfragen der Granden, die ihr helfen wollen, begegnet sie mit Stillschweigen. La Hire etwa fleht sie an, sie möge sich in »edlem Zorn«[99] gegen diese »Verleumdung«[100] erheben; »blick auf«, sagt er, »[b]eschäme, strafe den unwürdgen Zweifel, / Der deine heilge Tugend schmäht«[101] – und mit der Aufforderung, den (personifizierten) Zweifel zu ›beschämen‹ oder zu ›bestrafen‹, wählt er unwillkürlich das treffende Vokabular. Schließlich fragt der Erzbischof sie explizit: »Schweigst du / Aus dem Gefühl der Unschuld oder Schuld? / Wenn dieses Donners Stimme *für* dich zeugt / So fasse dieses Kreuz und gib ein Zeichen!«[102] Ihre ausbleibenden Regungen, ihr Schweigen und der die Szene dramatisch untermalende Donner werden, obgleich sie keineswegs eindeutige Zeichen sind,[103] als Erweis ihrer Schuld aufgefasst.[104] Sie wird vom König verbannt. Er gewährt ihr aber die Gnade, die Stadt »ungekränkt«[105] zu verlassen.

Psychodynamisch ist die Annahme der falschen Anklage nicht nur als Annahme von Schuld, sondern auch als aktive Transformation von Scham in Schuld zu deuten. Die unerträgliche Scham-Szene, der sich Johanna vor der Kathedrale ausgesetzt sieht, wird durch ihre nonverbale Zustimmung zum Schuldparadigma in Handlungskontexte überführt.[106] Die Verbannung löst auch die Schamsituation auf, weil sie die Protagonistin aus der Gemeinschaft und den sie umzingelnden Blicken entfernt.[107] *De facto* trifft die Schuldattribution den Kern ihres Gefühls aber nur peripher. Ihr Vater klagt nicht ihr erotisches Begehren an – von dem er ebenso wenig weiß wie von ihren Schuldgefühlen aufgrund der Tötung zahlreicher Menschen –, sondern unterstellt ihr narzisstischen Größenwahn und behauptet, ihre Sendung sei bösen Ursprungs.[108] Der Schulddiskurs, den die Autoritäten Vater, König und Erzbischof führen, trifft also das Innere des Schuldgefühls Johannas nicht. Sie nimmt eine Schuld auf sich, die sie nicht hat. Diese tragische »Verwirrung«,[109] die nur auf der Ebene des Tragödienpersonals besteht, nicht aber auf der der (aufmerksamen, psychologisch geschulten) Zuschauer:innen, wird bis zum Ende des Stücks nicht aufgelöst. Johanna wird ihre subjektive ›Sünde‹ im Verlauf des Stücks niemandem gestehen, auch nicht ihrem ehemaligen Verlobten Raimond, der ihre Unschuld zu erkennen glaubt und mit dem sie in der Verbannung ein vertrauliches Gespräch führt. Vor Dunois sagt Raimond daher nicht die ganze Wahrheit, wenn es über das Gespräch im Ardennerwald heißt: »Mir hat sie dort ihr Innerstes gebeichtet. / In Martern will ich sterben [...] / Wenn sie nicht rein ist, Herr, von aller Schuld!«[110] Das, wovon Johanna am Ende freigesprochen wird, ist eben nicht der Treuebruch ihrer eigenen Sendung gegenüber, sondern die Anklage, eine Hexe und Zauberin zu sein.

Schiller wählt in dieser Sequenz mithin eine Fülle von Motivierungen und theatertechnischen Mitteln – nicht um das Publikum oder das Dramenpersonal zu verwirren, sondern um einen emotionalen Effekt zu erzielen. Dies verdeutlicht ein Selbstkommentar im Brief an Goethe, in dem er nicht ohne Ironie formuliert: »Der Schluß des vorletzten Acts ist sehr theatralisch und der donnernde Deus ex machina wird seine Wirkung nicht verfehlen.«[111] Die öffentliche Anklage seiner Protagonistin, begleitet von dramatisch ansteigendem Theaterdonner, spricht aufgrund der audiovisuellen Gewalt ihre Scham- und ihre Schuldgefühle zugleich an. Schiller kommt damit seiner eigenen Forderung an den »tragischen Künstler« nach, der

> gleichsam seinem Helden oder seinem Leser die ganze volle Ladung des Leidens geben [muss], weil es sonst immer problematisch bleibt, ob sein Widerstand gegen dasselbe eine Gemütshandlung, etwas *Positives*, und nicht vielmehr bloß etwas Negatives und ein *Mangel* ist.[112]

Mit den das Verhörgeschehen begleitenden Donnerschlägen greift Schiller auf ein tradiertes Gewissenssymbol zurück.[113] Das Gewissen wird externalisiert, auf eine Naturgewalt projiziert und mit dem strafenden, alttestamentarischen Gott assoziiert. Es vollzieht sich so eine weitere, diesmal metaphysisch überhöhende Transformation: Die Gewissensanklage erfolgt nun, nach der psychischen und der sozialen, auch auf einer dritten, einer göttlich-übersinnlichen Ebene. Bereits vor dem tatsächlich eintretenden Donner meinte Johanna diesen wahrzunehmen: im Gotteshaus, das sie fluchtartig im Zustand der Paranoia verlässt – »Ich kann nicht bleiben – Geister jagen mich / Wie Donner schallen mir der Orgel Töne, / Des Doms Gewölbe stürzen auf mich ein, / Des freien Himmels Weite muß ich suchen!«[114] Es ist bezeichnend, dass sie aus dem Innenraum der Kathedrale flieht, weil dieser nicht nur für die Macht und Gebote Gottes steht, sondern auch für psychische Interiorität: für ihr Gewissen. Johannas Vater, der sie (hier noch unerkannt) heimlich beobachtet, kommentiert die Szene entsprechend mit den drohenden Worten, »[b]leich stürzt sie aus der Kirche, / Es treibt die Angst sie aus dem Heiligtum, / Das ist das göttliche Gericht, das sich / An ihr verkündiget!«[115] Dass nicht nur Thibaut, sondern auch Johannas höfische Freunde zutiefst »mittelalterlich denken«[116] – und eben keine aufgeklärten Bürger:innen sind, die grollenden Donner nicht als ein Gotteszeichen, sondern als bloßes Naturereignis verstehen würden –, wird der Heldin zum Verhängnis. Es zeigt sich an dieser Stelle einmal mehr, dass Schiller das Mittelalter als Austragungsort seiner ›romantischen Tragödie‹ wählt, weil in diese Epoche eine Radikalität, Dringlichkeit und Mythologisierung von Affekten projiziert werden kann, wie sie in seiner eigenen Zeit nicht mehr glaubhaft darstellbar wäre.[117]

Schillers Tragödientheorie zufolge zeigt sich die »moralische Selbständigkeit im Leiden« erst in der Erhebung über dasselbe:

> [N]ur dann erweist sich die ganze Macht des Sittengesetzes, wenn es mit allen übrigen Naturkräften im Streit gezeigt wird und alle neben ihm ihre Gewalt über ein menschliches Herz verlieren. [...] Je furchtbarer die Gegner, desto glorreicher der Sieg; der Widerstand allein kann die Kraft sichtbar machen.[118]

Schiller orientiert sich an Kants juristischem Vokabular, um den finalen Triumph der Vernunft zu markieren. Diese hat die »höchste[] Gesetzgebung« inne und muss daher in einem inneren Kampf die Sinnlichkeit schließlich beherrschen.[119] Dass der psychodynamische Prozess und seine Ästhetisierung letztlich komplexer sind, als Schillers Theorie nahelegt, hat diese Analyse zu zeigen versucht.

Johanna überwindet ihre moralische Schuld nach innerer Läuterung und Reue in den Ardennen. Der Vorgang ihrer inneren Wandlung wird jedoch nicht szenisch gestaltet, sondern bildet eine dramaturgische Leerstelle. Sie gerät dann in Gefangenschaft der Engländer und trifft erneut auf Lionel, was sie als »Prüfung«[120] bezeichnet. Sie widersteht seinem Antrag, seine Frau zu werden. Ihre Antwort offenbart die idealistische Transformation, die sie durchlebt hat: »Nicht lieben kann ich dich, doch wenn dein Herz / Sich zu

mir neigt, so laß es Segen bringen / Für unsre Völker«[121] –
im Klartext: Lionel möge seine Truppen abziehen und den
Krieg beenden. Johanna transzendiert den schuldbesetzten Eros im Dienst der Nation und damit auch ihre Verhaftung im Leiblichen. Aus eigener Kraft – ohne göttlichen Beistand[122] – sprengt sie ihre die ›Schmach‹ der Unfreiheit symbolisierenden Ketten und wird, im Schlachtfeld für das Vaterland sterbend, zur Verkörperung des ›ästhetisch Erhabenen‹.[123]

Im Schlussbild liegt die Jungfrau tödlich verwundet in den Armen des Herzogs von Burgund und des Königs. In einer momentanen Bezwingung des Todes richtet sie sich auf und bittet um ihre Fahne. Die Bühnenanweisung lautet: »*Man reicht sie ihr. Sie steht ganz frei aufgerichtet, die Fahne in der Hand – Der Himmel ist von einem rosigten Schein beleuchtet*«.[124] Ihr Abschiedsmonolog schließt mit den pathetischen Worten:

> Wie wird mir – Leichte Wolken heben mich –
> Der schwere Panzer wird zum Flügelkleide.
> Hinauf – hinauf – die Erde flieht zurück –
> Kurz ist der Schmerz und ewig ist die Freude![125]

Das Stück endet aber nicht mit diesen schönen Versen, sondern mit einem stummen Tableau:

> *Die Fahne entfällt ihr, sie sinkt tot darauf nieder – Alle stehen lange in sprachloser Rührung – Auf einen leisen Wink des Königs werden alle Fahnen sanft auf sie niedergelassen, daß sie ganz davon bedeckt wird.*[126]

Die Apotheose der Johanna von Orleans ist an die Ikonographie der Himmelfahrt Mariae angelehnt.[127] Sie bewirkt zugleich eine Wiederaufnahme in die Gemeinschaft und eine symbolische Abtrennung von ihr: Beide Vollzüge werden im Schlussbild dargestellt. Schwer verwundet, gehalten von den beiden Fürsten, figuriert Johanna als Opfer und als Allegorie der Versöhnung.[128] Im Aufstehen, den Blick gen Himmel gerichtet, erhebt sie sich über die Fürsten und steht allein.[129] Die abschließende Verhüllung der ›schönen Leiche‹ in Fahnen bezeichnet ihr Eingehen in den Nationalkörper: Eine naheliegende Lesart besagt, dass sie »buchstäblich vom Ruhm bedeckt«[130] wird und ihre Fahne mit denen aller französischen Fürstentümer verschmilzt. Dies ist eine »Versöhnung von Religion und Patriotismus«,[131] die die Einheit – und Reinheit – der Nation wiederherstellt und der Jungfrau ein Ehrenbegräbnis zusichert. Darüber hinaus aber wird durch die Umhüllung des Körpers jener Entzug von Sichtbarkeit gestaltet, den sich Johanna während und nach der Begegnung mit Lionel so flehentlich gewünscht hat. Im Tod ruht sie in der Mitte ihres Volkes, ist aber den von allen Seiten ›auf sie gespannten‹ Blicken nicht länger ausgesetzt. Die Verhüllung verbildlicht ihre finale Unbeschämbarkeit, die mit dem Tod erkauft wird. Schiller verbirgt mit diesem heroischen Bild den Preis, den die Unterwerfung unter das kantische Sittengesetz erfordert.

## Anmerkungen

1 Dieser Beitrag ist eine überarbeitete, gekürzte und hinsichtlich des Forschungsstands zur *Jungfrau von Orleans* wesentlich aktualisierte Version eines Kapitels aus Claudia Benthien: Tribunal der Blicke. Kulturtheorien von Scham und Schuld und die Tragödie um 1800. Köln/Weimar/Wien 2011, S. 105–134, in die auch Ausführungen des Theorieteils dieser Studie eingeflossen sind.
2 Vgl. ebd., S. 36–45.
3 Vgl. Franz Alexander: Remarks about the Relation of Inferiority Feelings to Guilt Feelings. In: International Journal of Psychoanalysis 19 (1938), S. 41–49; Gerhart Piers: Shame and Guilt. A Psychoanalytic Study. In: Ders. und Milton B. Singer: Shame and Guilt. A Psychoanalytic and a Cultural Study. Springfield 1953, S. 5–41, hier S. 18 f.; Benthien: Tribunal der Blicke (Anm. 1), S. 60–64.
4 Vgl. Benthien: Tribunal der Blicke (Anm. 1), S. 36–40.
5 »True shame cultures rely on external sanctions for good behaviour, not, as true guilt cultures do, on an internalized conviction of sin. Shame is a reaction to other people's criticism. A man is shamed either by being openly ridiculed and rejected or by fantasying to himself that he has been made ridiculous. In either case it is a potent sanction. But it requires an audience or at least a man's fantasy of an audience. Guilt does not. In a nation where honor means living up to one's own picture of oneself, a man may suffer from guilt though no man knows of his misdeed and a man's feeling of guilt may actually be relieved by confessing his sin.« (Ruth Benedict: The Chrysanthemum and the Sword. Patterns of Japanese Culture. London 1947, S. 223).
6 Vgl. ebd., S. 223.
7 Vgl. Benthien: Tribunal der Blicke (Anm. 1), S. 50–52.
8 Vgl. ebd., S. 36–40.
9 Friedrich Wilhelm Joseph Schelling: Philosophie der Kunst. Darmstadt 1966, S. 340; siehe dazu Benthien: Tribunal der Blicke (Anm. 1), S. 74–76.
10 Vgl. Anett Kollmann: Gepanzerte Empfindsamkeit. Helden in Frauengestalt um 1800. Heidelberg 2004, S. 103–111.
11 Vgl. Albrecht Koschorke: Schillers *Jungfrau von Orleans* und die Geschlechterpolitik der Französischen Revolution. In: Walter Hinderer (Hrsg.): Friedrich Schiller und der Weg in die Moderne. Würzburg 2006, S. 243–259, hier S. 250; Eva Horn: Die Große Frau. Weibliches Charisma in Schillers *Jungfrau von Orleans* und Fritz Langs

*Metropolis*. In: Michael Gamper und Ingrid Kleeberg (Hrsg.): Grösse. Zürich 2015, S. 193–216, hier S. 196–204; Michael Gamper: Schillers charismatische Zeiten. In: Helmut Hühn, Dirk Oschmann und Peter Schnyder (Hrsg.): Schillers Zeitbegriffe. Hannover 2018, S. 22–34, hier S. 25–28. Alle drei rekurrieren auf: Max Weber: Wirtschaft und Gesellschaft. In: Ders.: Schriften zur Soziologie. Hrsg. von Michael Sukale. Stuttgart 1995, S. 79–312, hier S. 271–302 (Kap. »Charismatismus«, »Umbildung des Charisma« und »Charisma und Disziplin«); siehe diesbezüglich auch: Wolfgang Lipp: Charisma – Schuld und Gnade. Soziale Konstruktion, Kulturdynamik, Handlungsdrama. In: Winfried Gebhardt, Arnold Zingerle und Michael N. Ebertz (Hrsg.): Charisma. Theorie – Politik – Religion. Berlin/New York 1993, S. 15–32.

12 »[S]ieh da stellte sich / Ein seltsam Wunder unsern Augen dar! / Denn aus der Tiefe des Gehölzes plötzlich / Trat eine Jungfrau, mit behelmtem Haupt / Wie eine Kriegsgöttin, schön zugleich / Und schrecklich anzusehn, um ihren Nacken / In dunklen Ringen fiel das Haar, ein Glanz / Vom Himmel schien die Hohe zu umleuchten / [...].« (V. 952–959). Zitiert wird nachfolgend mit der jeweiligen Versangabe nach der Ausgabe: Friedrich Schiller: Die Jungfrau von Orleans. Eine romantische Tragödie. In: Ders. Sämtliche Werke: Dramen II. Hrsg. von Gerhard Fricke und Herbert G. Göpfert. Band 2. 9. Aufl. München 1981, S. 687–812.

13 Kollmann: Gepanzerte Empfindsamkeit (Anm. 10), S. 121.

14 Zum psychoanalytischen Konzept des Ich-Ideals vgl. die Ausführungen in Benthien: Tribunal der Blicke (Anm. 1), S. 52.

15 V. 1075–1077 und 1987–1989.

16 Gerhard Kaiser: Johannas Sendung. Eine These zu Schillers *Jungfrau von Orleans*. In: Jahrbuch der deutschen Schillergesellschaft 10 (1966), S. 205–236, hier S. 209.

17 Vgl. Benthien: Tribunal der Blicke (Anm. 1), S. 194–224.

18 V. 113–121.

19 V. 122–132.

20 Karl S. Guthke: *Die Jungfrau von Orleans*. Sendung und Witwenmachen. In: Hans-Jörg Knobloch und Helmut Koopmann (Hrsg.): Schiller heute. Tübingen 1996, S. 115–130, hier S. 120.

21 Vgl. Inge Stephan: Hexe oder Heilige? Zur Geschichte der Jeanne d'Arc und ihrer literarischen Verarbeitung. In: Argument-Sonderband (1996), S. 35–66; Gerd Krumeich: Jeanne d'Arc in der Geschichte. Historiographie – Politik – Kultur. Sigmaringen 1989; Maria Warner: Joan of Arc. The Image of Female Heroism. Berkeley/Los Angeles 2000.

22 Friedrich Schiller: Über die tragische Kunst. In: Ders.: Sämtliche Werke: Erzählungen, Theoretische Schriften. Hrsg. von Gerhard Fricke und Herbert G. Göpfert. Band 5. 9. Aufl. München 1993, S. 372–393, hier S. 390.
23 V. 411 f.
24 Kollmann: Gepanzerte Empfindsamkeit (Anm. 10), S. 109.
25 V. 683.
26 V. 691 f.
27 V. 696.
28 V. 726–737.
29 Vgl. Christopher J. Wild: Theater der Keuschheit – Keuschheit des Theaters. Zu einer Geschichte der (Anti-)Theatralität von Gryphius bis Kleist. Würzburg 2003, S. 421.
30 Vgl. dazu u.a. Marie-Christin Wilm: Die *Jungfrau von Orleans*, tragödientheoretisch gelesen. In: Jahrbuch der deutschen Schillergesellschaft 47 (2003), S. 141–170; Bernhard Greiner: Negative Ästhetik: Schillers Tragisierung der Kunst und Romantisierung der Tragödie (*Maria Stuart* und *Die Jungfrau von Orleans*). In: Text + Kritik. Sonderband IV: Friedrich Schiller (2005), S. 53–70; Viktor Konitzer: Wendungen. Zur Poetik der Peripetie in Schillers *Die Jungfrau von Orleans*. In: Jahrbuch der Deutschen Schillergesellschaft 61 (2017), S. 215–240.
31 Nach V. 738.
32 V. 955–957.
33 V. 981–984.
34 V. 1060.
35 V. 1239–1244.
36 V. 1548.
37 V. 1478 f.
38 V. 1486–1491.
39 V. 252 f.
40 Nach V. 2464.
41 V. 2465 f.
42 Nach V. 2465.
43 V. 2467.
44 V. 2471 und 2476.
45 »Der Beschämte weiß, wie sichtlich und unverkennbar sich in den Gesichtsminen überhaupt und vorzüglich im Auge das eigene Bewußtsein ausdruckt; er mögte das seinige so äußerst ungern verrathen: und so muß er Gesicht und Auge vor jedem Blick des Andren zu verwahren, muß seine eigenen Blicke, deren anziehende Kraft er fühlt, so viel möglich zurückzuhalten suchen.« (Johann Jakob Engel: Ideen zu einer Mimik 1. Darmstadt 1968, S. 283).

46 Zeitgenössisch wurde zwischen ›Scham‹ und ›Schamhaftigkeit‹ differenziert, wobei letztere sich u. a. auf die hier dargestellte furchtsame Vermeidung von allem Erotischen bezieht und daher insbesondere für das weibliche Geschlecht als Tugend galt. Im Unterschied zum als angeboren und physiologisch-reflexhaft geltenden Schamaffekt, der auf Bloßstellung oder Abwertung reagiert, wurde Schamhaftigkeit als Verhaltenseigenschaft verstanden, die im Zuge der Sozialisation gelernt wurde. Vgl. Friedrich Schleiermacher: Versuch über die Schaamhaftigkeit. In: Ders.: Vertraute Briefe über Friedrich Schlegels Lucinde. Jena/Leipzig 1907, S. 50–74, hier S. 53.
47 V. 2502.
48 »*Schamfreiheit* bezeichnet einen Zustand, der sich jenseits jeder Vorstellung von Scham und individuellen wie gesellschaftlichen Schamgrenzen befindet, er ist ›vor‹ jeder Scham. Im Gegensatz hierzu setzt *Schamlosigkeit* bereits eine bestimmte Vorstellung von Scham und schamhaftem Verhalten innerhalb einer Kultur voraus. [...] Schamfreiheit stellt das primäre, ursprüngliche Phänomen dar, auf das hin erst später sich Scham herausbildet.« (Anja Lietzmann: Theorie der Scham. Eine anthropologische Perspektive auf ein menschliches Charakteristikum. Hamburg 2007, S. 66 f.).
49 V. 2485–2487.
50 V. 2493.
51 Kaiser: Johannas Sendung (Anm. 16), S. 226. Ähnlich auch hat Wild diesen Vorgang interpretiert, wenn er bezüglich des in Schillers Bühnenanweisung verwendeten Begriffs ›Anblick‹ bemerkt: »Zunächst meint dieser Ausdruck natürlich die visuelle Erscheinung Lionels: der Anblick seines Gesichts; dann aber wörtlicher sowohl den Blick Johannas auf Lionel wie auch Lionels auf Johanna. Sie wird in diesem ›Augenblick‹ gewahr, dass Lionel sie sieht; technischer ausgedrückt, daß der präexistente Blick, der sich in Lionels ›Anblick‹ konkretisiert, immer schon auf ihr geruht hat und daß nur ihre Blindheit sie davor bewahrt hat, diesen als solchen wahrzunehmen. [...] Was Johanna [...] sieht, ist nicht bloß sein Gesicht einschließlich seiner Augen, sondern das Sehen selbst.« (Wild: Theater der Keuschheit (Anm. 29), S. 452).
52 »daß es sich bei der *Blickabwendung vom fremden Gesicht* um eine *Blickwendung nach Innen* handelt. Das fremde Gesicht wirkt dabei als *tertium comparationis*, das dem Kind über die interaktionelle Organisation von Störendem eine Herausdifferenzierung aus der Übereinstimmung mit der Mutter ermöglicht.« (Günter H. Seidler: Der Blick des Anderen. Eine Analyse der Scham. 2. Aufl. Stuttgart 2001, S. 151).

53 V. 306.
54 Regieanweisungen vor V. 2518 bzw. nach V. 2520.
55 Volker Nölle: Eine ›gegenklassische‹ Verfahrensweise. Kleists *Penthesilea* und Schillers *Jungfrau von Orleans*. In: Beiträge zur Kleist-Forschung 13 (1999), S. 158–174, hier S. 162.
56 Über die *Jungfrau von Orleans* bemerkt Schiller: »Poetisch ist der Stoff in vorzüglichem Grade, so nämlich, wie ich mir ihn ausgedacht habe, und in hohem Grade rührend.« (Schiller an Christian Gottfried Körner, 28. Juli 1800. NA 30, 181). Rührung als ästhetische Kategorie wird von Schiller Anfang der 90er Jahre wie folgt definiert: »Rührung, in seiner strengen Bedeutung, bezeichnet die gemischte Empfindung des Leidens und der Lust an dem Leiden. [...] Rührung enthält eben so, wie das Gefühl des Erhabenen, zwey Bestandtheile, Schmerz und Vergnügen; also hier wie dort liegt der Zweckmäßigkeit eine Zweckwidrigkeit zum Grunde.« (Friedrich Schiller: Über den Grund des Vergnügens an tragischen Gegenständen. In: Ders.: Sämtliche Werke: Erzählungen, Theoretische Schriften. Hrsg. von Gerhard Fricke und Herbert G. Göpfert. Band 5. 9. Aufl. München 1993. S. 358–372, hier S. 363).
57 Gamper: Schillers charismatische Zeiten (Anm. 11), S. 28.
58 Nölle: Eine ›gegenklassische‹ Verfahrensweise (Anm. 55), S. 164.
59 Ebd., S. 161; siehe auch Peter von Matt: Der Monolog. In: Werner Keller (Hrsg.): Beiträge zur Poetik des Dramas. Darmstadt 1976, S. 71–90.
60 V. 2564–2574.
61 Vgl. zu dieser Aufspaltung des Ich Seidler: Der Blick des Anderen (Anm. 50), S. 59; Benthien: Tribunal der Blicke (Anm. 1), S. 94–97.
62 Zur Dialogisierung von Monologen vgl. Manfred Pfister: Das Drama. 9. Aufl. München 1997, S. 184.
63 Zur Dominanz des Hörsinns beim Schuldgefühl vgl. Benthien: Tribunal der Blicke (Anm. 1), S. 57–59. In der jüngeren Forschung zur *Jungfrau von Orleans* wird zwar die Bedeutung des Hörens herausgestellt, der Zusammenhang zur Instanz des Gewissens und zum Schuldgefühl aber nicht betont. Vgl. Rebecca Wolf: Two Saints and the Power of the Auditive. In: Alice Lagaay und Michael Lorber (Hrsg.): Destruction in the Performative. Amsterdam 2012, S. 61–77; Lily Tonger-Erk: Horch! Horch! Der Kerker als Hör-Raum in Dramen des 18. Jahrhunderts. In: Stefan Börnchen, Claudia Liebrand (Hrsg.): Lauschen und Überhören. Literarische und mediale Aspekte auditiver Offenheit. Paderborn 2020, S. 11–36, hier S. 30–32.
64 V. 2575–2581. Zum Topos der Blindheit und der Tragik des Blicks vgl. Norbert Oellers: Blinde Augen. Zu Schillers *Die Jungfrau von*

*Orleans*. In: Kenneth S. Calhoon, Eva Geulen, Claude Haas, Nils Reschke (Hrsg.): »Es trübt mein Auge sich in Glück und Licht«. Über den Blick in der Literatur. Berlin 2010, S. 131–139.

65 V. 2577.

66 Schelling: Philosophie der Kunst (Anm. 9), S. 339. Siehe auch Benthien: Tribunal der Blicke (Anm. 1), S. 68–78.

67 Ähnlich hat dies Friedrich Wilhelm Kaufman interpretiert, der zwar pauschal einen Vorrang der moralischen vor einer existentiellen Schuldkonzeption annimmt – wobei erstere mit einer voluntaristischen Schuldauffassung konvergiert, letztere mit einer faktizistischen –, zugleich aber darauf hinweist, dass sich die »Schuldfrage« in der *Jungfrau von Orleans* durchaus »ins Existentielle verschiebt« (Friedrich Wilhelm Kaufman: Schuldverwicklung in Schillers Dramen. In: John R. Frey (Hrsg.): Schiller 1759/1959. Commemorative American Studies. Urbana 1959, S. 76–103, hier S. 77 und 96). Zur Unterscheidung voluntaristischer und faktizistischer Schuld in der Tragödie vgl. Benthien: Tribunal der Blicke (Anm. 1), S. 68–73. Greiner greift die Einschätzung Kaufmans auf, wenn er bemerkt, dass die »Tragik der Hauptfigur in der antiken griechischen Tradition [anhand] eines Sich-Durchdringens von Gebundenheit und Freiheit des Handelns zu erkennen« sei (Greiner: Negative Ästhetik (Anm. 30), S. 62).

68 Vgl. Immanuel Kant: Die Metaphysik der Sitten. In: Ders.: Werke in sechs Bänden. Schriften zur Ethik und Religionsphilosophie. Hrsg. von Wilhelm Weischedel. Band 6. Darmstadt 1983, S. 303–634, hier S. 573 f.

69 Immanuel Kant: Die Religion innerhalb der Grenzen der blossen Vernunft. In: Ders.: Werke in sechs Bänden. Schriften zur Ethik und Religionsphilosophie. Hrsg. von Wilhelm Weischedel. Band 6. Darmstadt 1983, S. 645–879, hier S. 860.

70 Ebd., S. 859.

71 »Frommer [Hirten-]Stab! O hätt ich nimmer / Mit dem Schwerte dich vertauscht!« (V. 2582 f.).

72 Friedrich Schiller: Über naive und sentimentalische Dichtung. In: Ders.: Sämtliche Werke: Erzählungen, Theoretische Schriften. Hrsg. von Gerhard Fricke und Herbert G. Göpfert. Band 5. 9. Aufl. München 1993, S. 694–780, hier S. 750. Schiller kennzeichnet mit dieser Formulierung einen unhintergehbaren, verlorenen Zustand der Idylle.

73 V. 2607–2613.

74 Kaiser: Johannas Sendung (Anm. 16), S. 226.

75 Vgl. Guthke: *Die Jungfrau von Orleans* (Anm. 20), S. 126–128.

76 Siehe dazu auch den Beitrag von Antonia Eder in diesem Band.

77 Horn: Die Große Frau (Anm. 11), S. 201.

78 V. 2547–2550.
79 Das Wort ›Scham‹ wird besonders betont, da es das letzte Wort der Strophe ist und als einziges ohne Reim auftaucht. Vgl. Franziska Ehinger: Kritik und Reflexion. Pathos in der deutschen Tragödie. Würzburg 2009, S. 90.
80 V. 2476; 2517; 2667 f.
81 Kollmann: Gepanzerte Empfindsamkeit (Anm. 10), S. 116.
82 V. 2646 f.
83 V. 2663–2667.
84 V. 2667 f.
85 Agnes Sorel hält Johanna also einen Spiegel vor, wenn sie ihr offenbart: »Denn soll ich meine ganze Schwäche dir / Gestehen? – Nicht der Ruhm des Vaterlandes, / Nicht der erneute Glanz des Thrones, nicht / Der Völker Hochgefühl und Siegesfreude / Beschäftigt dieses schwache Herz. Es ist / Nur *einer*, der es ganz erfüllt, es hat / Nur Raum für dieses einzige Gefühl: / *Er* ist der Angebetete, *ihm* jauchzt das Volk, / *Ihn* segnet es, *ihm* streut es diese Blumen, / *Er* ist der Meine, der Geliebte ists.« (V. 2675–2684).
86 V. 2698 f.
87 Nach V. 2701.
88 V. 2702–2713.
89 Vgl. Aristoteles: Poetik. Griechisch und deutsch. Übers. und Hrsg. von Manfred Fuhrmann. Stuttgart 1982, S. 35. Viktor Konitzer hebt hervor, dass Schiller das dramaturgische Motiv der ›Wendung‹ in der *Jungfrau von Orleans* kontinuierlich einsetzt. Es diene »einer gleichsam absolut gesetzten Aporie, die sich im Drama in der unablässigen Umkehr des Verstehens äußert«, was sich überdies »als poetologische Reflexion der *Peripetie* begreifen [lässt]« sowie als »Katalysator des Deutungswandels«. Vgl. Konitzer: Wendungen (Anm. 30), S. 215 und 226.
90 Juliane Vogel: Die Furie und das Gesetz. Zur Dramaturgie der ›großen Szene‹ in der Tragödie des 19. Jahrhunderts. Freiburg 2002, S. 120.
91 Ebd., S. 121.
92 Regieanweisung in Szene IV/6.
93 V. 2967–2969.
94 In V. 2969 bzw. vor V. 2970.
95 V. 2982.
96 V. 2984 f.
97 Nach V. 2985.
98 Hermann Schmitz: System der Philosophie III.3: Der Rechtsraum. Bonn 1973, S. 40.

99 V. 3013.
100 V. 3012.
101 V. 3013–3015.
102 V. 3026–3029.
103 Vgl. Nikolas Immer: Der inszenierte Held. Schillers dramenpoetische Anthropologie. Heidelberg 2008, S. 398.
104 So auch Wolf: Two Saints (Anm. 63), S. 73, allerdings ohne Bezugnahme auf Benthien: Tribunal der Blicke (Anm. 1), wo dieser Zusammenhang auf S. 128 f. skizziert wird.
105 V. 3043.
106 Vgl. Benthien: Tribunal der Blicke (Anm. 1), S. 53–55.
107 Dabei ist bemerkenswert, dass Akte der Verbannung oder Verstoßung, insbesondere, wenn sie nicht bloß temporär sind, kulturgeschichtlich und kulturtheoretisch eher als Schamsanktion denn als Schuldsanktion eingesetzt werden. Man kann dieses Faktum so deuten, dass die Anwesenden die für Johanna existenzielle Schamsituation unbewusst als solche wahrnehmen, weswegen es trotz öffentlicher verbaler Beschuldigung eben nicht zur Strafe oder Sühne einer Schuld, sondern unwillkürlich zu einer Schamsanktion kommt.
108 Er will, wie Anna Gutmann bemerkt, ihre Größe zerstören, um ihre Seele zu retten (»Lebt ihre Seele nur, ihr Leib mag sterben«; V. 2845). Vgl. Anna Gutmann: Schillers *Jungfrau von Orleans*. Das Wunderbare und die Schuldfrage. In: Zeitschrift für deutsche Philologie 99 (1969), S. 560–583, hier S. 579.
109 V. 3182.
110 V. 3304 f. und 3307.
111 Schiller an Johann Wolfgang v. Goethe, 3 April 1801. NA 31, 27.
112 Friedrich Schiller: Über das Pathetische. In: Ders.: Sämtliche Werke: Erzählungen, Theoretische Schriften. Hrsg. von Gerhard Fricke und Herbert G. Göpfert. Band 5. 9. Aufl. München 1993, S. 512–537, hier S. 513.
113 Vgl. Heinz Dieter Kittsteiner: Die Entstehung des modernen Gewissens. Frankfurt a. M. 1991, S. 31–93.
114 V. 2854–2857.
115 V. 2846–2849.
116 Gutmann: Schillers *Jungfrau von Orleans* (Anm. 108), S. 580.
117 Etwas anders argumentiert Fulda, der in der »Reflexion von Gefühlen als Konstituens von Mensch- und Gesellschaftlichkeit« die zentrale Funktion des Stücks in seiner historischen Gegenwart sieht. Vgl. Daniel Fulda: Menschwerdung durch Gefühle-Gefühlserregung durch eine Übermenschliche: Schillers *Jungfrau von Orleans* zwischen Aufklärung und Romantik. In: Antje Arnold und Walter Pape (Hrsg.):

Emotionen in der Romantik. Repräsentation, Ästhetik, Inszenierung. Berlin/Boston 2012, S. 3–20.
118 Schiller: Über den Grund des Vergnügens (Anm. 56), S. 364.
119 Ebd., S. 364.
120 V. 3151.
121 V. 3351–3353.
122 »Gott! Gott! So sehr wirst du mich nicht verlassen!« (V. 3449). Diese Eigenständigkeit ist für die Autonomie des Subjekts Schillers Auffassung des Erhabenen entsprechend zentral; durch das Zitat wird aber auch eine Christusmimesis evoziert, siehe dazu Bernhard Greiner: Das Theater als Ort der Präsentation ›ganzer‹ Natur *(Die Kraniche des Ibycus, Die Jungfrau von Orleans)*. In: Georg Braungart (Hrsg.): Schillers Natur. Leben, Denken und literarisches Schaffen. Hamburg 2005, S. 191–205, hier S. 202.
123 Schiller kommentiert die sich im fünften Akt vollziehende Wandlung: »Weil meine Heldin darinn auf sich allein steht, und im Unglück, von den Göttern desertiert ist, so zeigt sich ihre Selbstständigkeit und ihr Character Anspruch auf die Prophetenrolle deutlicher.« (Schiller an Goethe, 3. April 1801. NA 31, 27).
124 Nach V. 3535.
125 V. 3541–3544.
126 Nach V. 3544.
127 Ulrich Port: Gegenrevolutionäres Theater aus dem Schlagbilderarsenal des gegenreformatorischen Katholizismus. Schillers *Jungfrau von Orleans* und die Politische Ästhetik der Revolutionskriege. In: Oliver Kohns (Hrsg.): Perspektiven der politischen Ästhetik. Paderborn 2016, S. 17–68, hier S. 65–67.
128 Der Erzbischoff bemerkt zu Karl und Burgund, dass alle Kriegstoten »Opfer« (V. 1999) beziehungsweise »Früchte« ihres »Bruderzwists« (V. 2005) seien. Im Personenverzeichnis des Stücks wird aber auf kein Verwandtschaftsverhältnis hingewiesen; es handelt sich also um eine symbolische Überhöhung.
129 Die Szene korrespondiert ikonografisch mit einer Beschreibung Johannas durch Raimond zu Beginn des Stücks, in der sie ebenfalls als ›herausragend‹, hier selbst aber einen göttlichen Blickpunkt einnehmend, beschrieben wird: »Oft seh ich ihr aus tiefem Tal mit stillem / Erstaunen zu, wenn sie auf hoher Trift / In Mitte ihrer Herde ragend steht, / Mit edlem Leibe, und den ernsten Blick / Herabsenkt auf der Erde kleine Länder« (V. 73–77). Ähnlich argumentiert auch Tonger-Erk, allerdings ohne Bezugnahme auf Benthien: Tribunal der Blicke (Anm. 1), wo dieser Zusammenhang auf S. 133 skizziert wird. Vgl. Lily Tonger-Erk: Aufwärts/Abwärts: zur räumlichen Inszenierung wun-

derbarer Abgänge in Schillers *Die Jungfrau von Orleans*. In: Franziska Bergmann und Lily Tonger-Erk (Hrsg.): Ein starker Abgang. Inszenierungen des Abtretens in Drama und Theater. Würzburg 2016, S. 81–99.
130 Gerhard Sauder: Die Jungfrau von Orleans. In: Walter Hinderer (Hrsg.): Schillers Dramen. Interpretationen. Stuttgart 1992, S. 336–384, hier S. 372. Ähnlich deutet dies jüngst Rocks, die davon spricht, dass »Johannas Charisma« als »vollumfänglich Handungsunfähige, ja als Leiche in einem nationalen Fahnenmehr untergehende persistiert« (Carolin Rocks: (Wie) Entscheiden Held*innen? Überlegungen zum Verhältnis von politischem Heroismus und Entscheiden im Drama um 1800. In: Philip R. Hoffmann-Rehnitz, Matthias Pohlig, Tim Rojek, Susanne Spreckelmeier (Hrsg.): Semantiken und Narrative des Entscheidens vom Mittelalter bis zur Gegenwart. Göttingen 2021, S. 273–296, hier S. 290).
131 Peter-André Alt: Klassische Endspiele. Das Theater Goethes und Schillers. München 2008, S. 105.

Ulrich Port

# Johanna als Blutzeugin

Schillers *Jungfrau von Orleans*
und die politische Konjunktur
der Martyriumsidee in den 1790er Jahren

Die Protagonistin in Schillers *Jungfrau von Orleans* stirbt nicht nach der Verurteilung in einem Inquisitionsprozess auf dem Scheiterhaufen in Rouen. Sie stirbt nach einer tödlichen Verwundung im Kampf auf einem geographisch nicht konkreter ausgewiesenen »Schlachtfeld«.[1] Im Sterben erscheint ihr die Jungfrau und Gottesmutter Maria, die sie inmitten eines Engelschores im Himmel empfängt. Das ist eine der vielen Abweichungen, die sich die Tragödie gegenüber der Lebensgeschichte der historischen Jeanne d'Arc erlaubt – und wohl auch die offensichtlichste für ein Publikum, das zumindest in Grundzügen mit der historischen Figur der *Pucelle*, ihrem spektakulären Eingreifen im Hundertjährigen Krieg und ihrem Tod im Jahr 1431 vertraut war.

    Dass dem finalen Sterben von Heldinnen und Helden in Tragödien besondere Aufmerksamkeit zu Teil wird, ist nichts Besonderes. Auch dass die Aufmerksamkeit auf ihre letzten Worte gelenkt wird, ist nicht außergewöhnlich – »the tongues of dying men enforce attention, like deep harmony« heißt es in Shakespeares *Tragedy of King Richard the Second*.[2] Und auch, dass sterbende Heroen und Heroinen ihr Leben nicht in Jammern, Seufzen oder Schmerzensschreien aushauchen, sondern in Verklärung dahinscheiden, ist genrebezogen nicht ungewöhnlich. Vorstellungen vom Tod als beglückender Befreiung aus einer trostlosen Welt sind in Tragödien verbreitet, auch in solchen mit nichtchristlichen Stoffen wie dem Sophokleischen *Ödipus auf Kolonos* (Οἰδίπους ἐπὶ Κολωνῷ) oder dem *Sterbenden Cato* von Johann Christoph Gottsched.

Doch weisen die Himmelfahrtsvision und die letzten Worte von Schillers Johanna noch auf einen anderen Traditionszusammenhang. Johannas Schlussreplik, es ist zugleich die letzte Rollenrede im Drama überhaupt, lautet:

> Seht ihr den Regenbogen in der Luft?
> Der Himmel öffnet seine goldnen Tore,
> Im Chor der Engel steht sie glänzend da,
> Sie hält den ewgen Sohn an ihrer Brust,
> Die Arme streckt sie lächelnd mir entgegen.
> Wie wird mir – Leichte Wolken heben mich –
> Der schwere Panzer wird zum Flügelkleide.
> Hinauf – hinauf – Die Erde flieht zurück –
> Kurz ist der Schmerz und ewig ist die Freude!³

»Kurz ist der Schmerz und ewig ist die Freude« – Johannas letzter Vers stammt sowohl hinsichtlich der leitenden Kontrast-Vorstellung wie der gewählten Begrifflichkeit aus dem Formelbestand christlicher Martyriums-Ideen. Ein paar Beispiele: In einem Legendar aus der Mitte des 15. Jahrhunderts mit dem Titel *der maget krône* (ein Titel, der doppeldeutig auf die Kronen der Jungfräulichkeit und des Martyriums verweist) formuliert der anonyme Autor, die marianische Sterbevision und die Schlussworte Johannas vorwegnehmend:

> Dis bûch, daz ich getichtet hân,
> daz ist genant der maget krôn,
> wan Marîâ trêt die krôn

hôch ob allen magten schôn.
die magt der martrer krône tragend,
daz sie nü êwig freude habend.[4]

In einem 1597 in München aufgeführten Jesuitendrama mit dem Titel *Triumphvs Divi Michaelis* (›Triumph des heiligen Michael‹) eines ebenfalls unbekannten Autors verkündet der heilige Sebastian, der sein Martyrium bereits hinter sich hat und aus der himmlischen Glorie heraus spricht: »Dolor momento temporis uix perstitit / Et gaudia durant sempiternis seculis« (»Der Schmerz hat kaum einen Moment gedauert / Doch die Freuden währen ewig immerdar«).[5] Aus dem Jahr 1767 ist ein Tiroler Laienschauspiel über die »von Gott besonders erkiesene [...] Jungfrau und Heldinn Johanna von Ark« überliefert, ein geistliches Spiel, das in den Folgejahren von der katholischen Obrigkeit mehrmals verboten wird, weil Jeanne d'Arc hier als Heilige und Märtyrerin erscheint (was sie zu dieser Zeit kanonisch keineswegs ist – sie wird erst 1909 selig- und 1920 heiliggesprochen). Im Szenarium des Stücks wird ein Ereignis der Handlung wie folgt zusammengefasst: »Die Seele der Johanna wird von Christo, weil sie sein Kreuz getragen, und seinen Kelche getrunken, zu den ewigen Freuden eingeladen.«[6]

Doch auch eine veritable protestantische Blutzeugin, die *Nine Days' Queen* Jane Grey, unter der Regentschaft ihrer katholischen Großkusine Maria Tudor hingerichtet und nur wenige Jahre später in John Foxes *Actes and Monuments*, dem Klassiker über die Märtyrer der englischen Reformation, verewigt, geht mit solcher Verzückung in den Tod – zumindest in der Trauerspielversion von Christoph Martin Wieland, zuerst 1758 und dann nochmals 1798, nur drei Jahre vor Schillers *Jungfrau*, publiziert:

o diese helle Aussicht
In jene grenzenlosen Seligkeiten,
In Freuden, die kein Schmerz verbittert,
[...]
Dies macht den Märtyrer der Flammen lächeln,
Und hebt die Seele, (ob der Leib von Staube
Sie gleich noch fesselt,) über jede Schwachheit
Der irdischen Natur empor.[7]

Als letztes Beispiel die Legende der jungfräulichen Märtyrerin Margaretha in der Version des lutherischen Pastors Ludwig Theobul Kosegarten. Sie endet mit dem Satz: »Fröhlich streckte sie den Hals dem Henker dar, und empfing nach kurzer Pein die ewige Freude.«[8] Aufgrund des Erscheinungsdatums dieser Legendensammlung – 1804 – ist nicht zu entscheiden, ob der Theologe Kosegarten sich hier an der ihm zweifelsohne bekannten Himmelslohn-Topik der hagiographischen Literatur orientiert oder vielleicht doch beim Schlussvers der zwei Jahre früher erschienenen *Jungfrau von Orleans* abgeschrieben hat.

Neben solchen Märtyrerinnen und Märtyrern, die sich gegen die Gewalt ihrer Peiniger nicht zur Wehr setzen und entsprechend auch nie selbst Waffengewalt anwenden (das gilt auch für die Jeanne d'Arc des zitierten Tiroler Volksschauspiels, die im Unterschied zu Schillers Johanna nicht selbst kämpft und tötet), gibt es noch eine besondere Filiation militarisierter christlicher Blutzeugen. Sie besitzen amtskirchlich-kanonisch weder in der alten vorreformatorischen noch der nachreformatorisch-katholischen Kirche den Märtyrerstatus, werden jedoch in der geistlichen wie in der weltlichen Literatur oft als solche verstanden und in Szene gesetzt. Es sind die auf dem Schlachtfeld gefallenen Gotteskrieger, die für ihr Leiden und Sterben ebenfalls mit himmlischem Lohn entgolten werden, prominent etwa die Kreuzritter des Hochmittelalters.

In der *Kronike von Prûzinlant* (Chronik von Preußen) des Nikolaus von Jeroschin (um 1340), einer volkssprachlichen Übersetzung der lateinischen Geschichte des Deutschritterordens von Peter von Dusburg, prophezeit die »trôsterin Marie« selbst dem Ritter seinen Tod auf dem Schlachtfeld und verspricht ihm dafür Himmelsfreuden: »Ô vil liber kempfe mîn, / nû lîd vrôlîch diese pîn! / An dem drittin tage / volendit sich dîn clage, / want dû den irsterbin solt / und den himilischen solt / mit wunnen alzû grôz intpfân«.[9] Als letztes Beispiel einige Verse aus der Version eines um 1800 fiktionalisierten Mittelalters, dem »Kreuzgesang« der Ordensritter in Novalis' *Heinrich von Ofterdingen*: »Die heil'ge Jungfrau schwebt, getragen / Von Engeln, ob der wilden Schlacht, / Wo jeder, den das Schwerdt geschlagen, / In ihrem Mutterarm erwacht.«[10] Wie Schillers Johanna verehren diese Gottesstreiter die Gottesmutter Maria in besonderer Weise als Schutzherrin und erwarten, sollten sie auf dem Schlachtfeld sterben, den himmlischen Lohn aus ihrer Hand. Und wie bei diesen Kämpfern sind im Falle Johannas Töten und Sterben für Gott eng miteinander verbunden. Die »Kriegerin des höchsten Gottes«,[11] wie sich Johanna selbst nennt, und die todesbereite Märtyrerin bilden zwei Seiten derselben Medaille.

Thematisch etwas weiter aufgeblendet, lassen sich in Schillers *romantischer Tragödie* jede Menge Anklänge an den christlichen Heiligenkult und die hagiographische Literatur finden.[12] Man kann das Drama in den Gattungsspuren von Legende und Marienmirakel lesen, als einen Text, der in recht dichter und auffälliger Weise Erzählschemata, Sujets und schließlich auch, poetologisch-selbstreflexiv, Geltungsbedingungen des legendarischen Erzählens und seiner korrelativen Weltbilder verhandelt. Da ist einmal ein gleich doppelter Gattungsbezug mit Blick auf Handlung und Personal: Die Geschichte der Protagonistin Johanna folgt einem legendarischen ›Weg zur Heiligkeit‹ mit den Stationen Berufung, Bekenntnis, Versuchung, Sünde, Weltabkehr, Buße, abermalige göttliche Begnadung, Bewährung und Martyrium. Der Finalitätsbestimmtheit legendarischen Erzählens gemäß weiß die Jungfrau auch um ihren vorherbestimmten Tod. Während der Kämpfe um Orleans bemerkt sie: »Nicht heut, nicht hier ist mir bestimmt zu fallen, / [...] / Dies Leben wird kein Gegner mir entreißen, / Bis ich vollendet, was mir Gott geheißen.«[13]

Parallel zu diesen Gattungsbezügen operiert das Drama aber auch mit den spezifischen Mustern von Marienmirakeln, bei denen der Fokus im Unterschied zu anderen Legenden nicht auf der ganzen Lebensgeschichte einer oder eines Heiligen liegt, sondern auf – meist auch nichtkanonisierten – marienfrommen Menschen, in deren Leben die Gottesmutter auf wunderbare Art eingreift. Auch macht das Stück ausgiebig Gebrauch von charismatischen Gaben (Prophetie, Wunderkräfte etc.) und von ›Zeichen und Wundern‹, für deren persuasiven Einsatz Legende und Mirakel, sieht man von den kanonischen Bibeltexten selbst ab, die wohl prominentesten literarischen Gattungen bilden.

Des Weiteren gerät die in einer aufgeklärt-idealistischen Textperspektive vorauszusetzende Willens- und Entscheidungsfreiheit der Titelheldin an neuralgischen Knotenpunkten der Handlung immer wieder in ein Spannungsverhältnis zur von Johanna selbst, aber auch von anderen dramatischen Akteuren angenommenen providentiellen Lenkung ihres Handelns – eine grundlegende Ambivalenz legendarischer Ethik und Erzähllogik.[14]

Ähnliches betrifft die schon mit dem Dramentitel aufgerufene und dann leitmotivisch ausgestaltete Jungfräulichkeit. Immer-währende Virginität als normativ bevorzugte Lebensform wird im frühen Christentum einerseits als *Charisma*, als unverdiente göttliche Gnadengabe verstanden, der nur wenige Menschen teilhaftig werden. Andererseits wird Jungfräulichkeit aber auch, worauf besonders Peter Brown und Michel Foucault hingewiesen haben, als eine ›Kunst‹ (*technē/ars*) beschrieben, die die Folge einer freien Wahl ist, die das ganze Leben verwandelt, im Zuge dessen aber auch permanente Arbeit an sich selbst bedeutet – eine Art »sexueller Heroismus«, wie Peter Brown das genannt hat. Am bleibenden Kampf mit dem Körper, in der Weigerung zu heiraten und an der lebenslangen Anstrengung zum Erhalt der Jungfräulichkeit offenbart sich die Freiheit des Geistes.[15]

Virginität in diesem Sinne ist, um eine Unterscheidung aus Schillers *Über Anmut und Würde* zu adaptieren, keine »Temperamentstugend«, sondern erfordert Willensanstrengungen gegenüber dem sinnlichen Begehren.[16] Eben solche Willensanstrengungen demonstrieren die standhaften christlichen Legenden-Jungfrauen (Agatha, Margareta, Katharina von Alexandrien und andere), die lieber das Martyrium erleiden als sexuellen Avancen zu folgen oder in eine Heirat einzuwilligen.[17] Solche Willensanstrengungen zeigt aber auch Schillers Johanna, die nicht nur den väterlichen Vermählungswunsch und die Heiratsanträge der französischen Ritter zurückweist, sondern in der Gefangenschaft auch den Avancen des englischen Feldherrn Lionel – »Sei die Meine / Und gegen eine Welt beschütz ich dich« – widersteht.[18]

Das Zusammenspiel von göttlicher Gnade und ethischer Bewährung verheißt schließlich als Lohn ein allen Schmerz transzendierendes jenseitiges Glück. In diesem tröstlichen Glauben agieren in Schillers Tragödie die Protagonistin und ihre Anhängerschaft. »Ihr Auge wird das Irdsche nicht mehr schauen. / Schon schwebt sie droben ein verklärter Geist«, bekundet der König von der sterbenden Johanna, die ihrer eigenen Vision zufolge schließlich von der Gottesmutter im Himmel empfangen wird.[19] Damit wird Johanna ein ähnlicher Tod gewährt wie in der hagiographischen Literatur den standhaften christlichen Jungfrauen und den selbstopferbereiten *miles Dei* (›Soldaten Gottes‹).

Man kann Schillers Legende der heiligen Johanna somit durchaus auf den Leim gehen. Parallel dazu sind dem Text jedoch auch die Erwartungshorizonte eines aufgeklärten Publikums um 1800 eingeschrieben. Das Drama eröffnet genügend Deutungsspielräume, um Johannas eigenen »Anspruch auf die Prophetenrolle«[20] wie ihre Fremdstilisierung zur Heiligen in der Tradition aufgeklärter Religionskritik mit David Hume als »religious fictions and chimeras« und »sick men's dreams« zu lesen.[21] Für die Gebildeten unter den Verächtern der Religion wird inszeniert, wie Heilige durch Legenden ›gemacht‹ werden und letztere als ›Lügenden‹, um ein polemisches Wortspiel Martin Luthers zu bemühen, ihren trügerischen Schein produzieren.[22]

In den Jahren um 1800, in denen auch Schillers *Jungfrau von Orleans* entsteht, gibt es neben einer *Longue durée* gebrauchsliterarischer Legendentexte in den katholischen Kulturräumen Europas und einer ebenso rührigen Legendenkritik in Protestantismus, Reformkatholizismus und Radikalaufklärung auch eine kleine Renaissance dieser Gattung in der deutschsprachigen Poetik und Literatur. In zeitlicher Nähe zu Schillers *Jungfrau von Orleans* werden auch zwei dramatisierte Legenden publiziert: Ludwig Tiecks *Leben und Tod der heiligen Genoveva* (1799) und Friedrich de la Motte Fouqués *Des heiligen Johannis Nepomuceni Märtyrer-Tod* (1804). Stoffwahl, Traditionsbezüge und ästhetische Machart dieser Legendendramen sind durchaus heterogen. Was sie thematisch untereinander und mit der *Jungfrau von Orleans* verbindet, ist das Märtyrersujet.

Damit komme ich nach einem Exkurs über die etwas weiter gefassten Themenkomplexe ›Heiligkeit‹, ›Legenden‹- und ›Mirakelliteratur‹ wieder zurück zu der aufs engste mit ihnen verbundenen Martyriums-Thematik: Gut drei Jahrzehnte vor den genannten Dramen, genauer gesagt 1767, hatte Lessing im ersten Stück seiner *Hamburgischen Dramaturgie* die historische Inadäquatheit des »christlichen Trauerspiels« im Zeitalter der Aufklärung konstatiert:

> Die Helden desselben sind mehrenteils Märtyrer. Nun leben wir zu einer Zeit, in welcher die Stimme der gesunden Vernunft zu laut erschallet, als daß jeder Rasender, der sich mutwillig, ohne Not, mit Verachtung aller seiner bürgerlichen Obliegenheiten, in den Tod stürzet, den Titel eines Märtyrers sich anmaßen dürfte.[23]

Was mögen die Gründe dafür sein, dass dieses literaturhistorische Urteil um 1800 nun seinerseits schon wieder nicht mehr zeitgemäß erscheint und avancierte Autoren sich an Märtyrerdramen versuchen? Was mögen die Gründe dafür sein, dass Schillers Johanna, die Tochter eines laut *dramatis personae* »reichen Landmanns«,[24] sich anders als ihre Schwestern ›in Verachtung aller ihrer bürgerlichen Obliegenheiten‹ der Ehe verweigert, vermeintlich himmlischen Eingebungen folgt, mit Blick auf ihr Geschlecht unstandesgemäß in den Krieg zieht, in ihrem gesamten Habitus und Agieren als charismatisch-faszinierende Gestalt erscheint und sich schlussendlich trotz eines Rettungsangebots von Seiten ihres englischen Verehrers Lionel ›in den Tod stürzt‹?

Diese Fragen lassen sich meiner Meinung nach nicht immanent stoff-, motiv- und literaturgeschichtlich beantworten, sondern erfordern, die Interferenzen zwischen dem Literatursystem und anderen Gesellschaftsbereichen und Kulturfunktionen in den Blick zu nehmen. Lessings aufgeklärtes Urteil über das christliche Trauerspiel impliziert ja nicht nur eine literaturhistorische Wertung, sondern auch eine mentalitätsgeschichtliche, die offenbar ein paar Jahrzehnte später schon wieder inaktuell bzw. anachronistisch wirkt. Zur stärkeren Profilierung meiner Überlegung schiebe ich nochmals eine Abschweifung ein: 1792 verfasst Schiller eine Vorrede zu Friedrich Immanuel Niethammers Bearbeitung der *Histoire des chevaliers hospitaliers de S. Jean de Jerusalem* von Abbé René Aubert de Vertot. Dort beschreibt er das historische Milieu der Kreuzritter, zu denen die Johanniter, die später auch Malteser genannt wurden, gehören. Schiller präsentiert dabei der aufgeklärten Besonnenheit, Liberalität und Toleranz eine kollektivpsychologische Verlustrechnung, ohne die problematischen Seiten des vormodernen Religions-»Heroismus« zu unterschlagen:

> Der Vorzug hellerer Begriffe, besiegter Vorurteile, gemäßigterer Leidenschaften, freierer Gesinnungen [...] kostet uns das wichtige Opfer praktischer Tugend, ohne die wir doch unser besseres Wissen kaum für einen Gewinn rechnen können. Dieselbe Kultur, welche in unserm Gehirn das Feuer eines fanatischen Eifers auslöschte, hat zugleich die Glut der Begeisterung in unseren Herzen erstickt, den Schwung der Gesinnungen gelähmt, die tatenreifende Energie des Charakters vernichtet. Die Heroen des Mittelalters setzten an einen Wahn, den sie mit Weisheit verwechselten und eben weil er ihnen Weisheit war, Blut, Leben und Eigentum; so schlecht ihre Vernunft belehrt war, so heldenmäßig gehorchten sie höchsten Gesetzen – und können wir, ihre verfeinerten Enkel, uns wohl rühmen, daß wir an unsre Weisheit nur halb so viel, als sie an ihre Torheit, wagen?
> 
> Was der Verfasser der Einleitung zu nachstehender Geschichte jenem Zeitalter als wichtigen Vorzug anrechnet – jene praktische Stärke des Gemüts nämlich, das Teuerste an das Edelste zu setzen und einem bloß idealischen Gut alle Güter der Sinnlichkeit zum Opfer zu

bringen, bin ich sehr bereit zu unterschreiben. Derselbe exzentrische Flug der Einbildungskraft, der den Geschichtsschreiber, den kalten Politiker an jenem Zeitalter irre macht, findet an dem Moralphilosophen einen weit billigern Richter, ja nicht selten vielleicht einen Bewunderer. Mitten unter allen Greueln, welche ein verfinsterter Glaubenseifer begünstigt und heiligt, unter den abgeschmackten Verirrungen der Superstition, entzückt ihn das erhabene Schauspiel einer über alle Sinnenreize siegenden Überzeugung.[25]

Nicht allein dem hier hervorgehobenen »Moralphilosophen« geben diese Exempel Material zum Nachdenken – vielleicht nicht einmal primär ihm, insofern nämlich Schillers Art der Beobachtung bereits derjenigen ähnelt, die er später ›ästhetische Schätzung‹ oder ›Beurteilung‹ nennen wird und von einer ›moralischen Schätzung‹ gerade zu unterscheiden versucht.[26] Was Schiller beschreibt – die Metapher vom »erhabene[n] Schauspiel« deutet es an –, ist auch der Stoff, aus dem Tragödien gemacht werden wie Schillers eigenes *Malteser*-Drama, mit dessen Disposition sich der Autor über 15 Jahre beschäftigt hat, ohne über Ansätze hinauszukommen. Es ist das janusgesichtige Ethos von christlichen Glaubenskriegern, dem Schiller in seinen historischen Bemerkungen Respekt zollt, ein Ethos, das auch prägend ist für die Titelheldin der *Jungfrau von Orleans*.

Diese gespaltene Würdigung fanatisch-selbstloser »Glaubenshelden« unterscheidet Schillers Beurteilung von einer solchen aus der Zeit der Hochaufklärung, wie sie in Lessings Polemik gegen das Märtyrertrauerspiel zum Ausdruck kommt. Die postheroische Skepsis der Aufklärung gegenüber Heldentum und Martyriumsbegehren (man denke hier etwa auch an entsprechende Texte Voltaires[27]) weicht einer ambivalenten Einschätzung, die wohl nicht zufällig im politisch-militärisch heißen Jahrzehnt von Französischer Revolution und europaweiten Revolutions- resp. Koalitionskriegen Konturen gewinnt.

Es sind die Jahre ab 1792, in denen auch jenseits kirchlicher Verehrungsgemeinschaften eine religiös inspirierte Militanz und die Idee des Martyriums zu neuen Ehren kommen. Dem Revolutionshistoriker Albert Mathiez folgend lässt sich behaupten, dass das Ausmaß von Gewalt und Feindschaft zwischen Revolution und Gegenrevolution nicht hinreichend aus sozialen oder national-hegemonialen Interessenskonflikten erklärbar ist. Hinzu kommt religiöser Fanatismus.[28] Und zwar auf beiden Seiten der Front. Der Raum der Revolutionskriege ist auch ein sakraler Raum, ja es ist gerade dieser Raum, der in einer am Ende des Aufklärungsjahrhunderts in vielen Bereichen ansatzweise säkularisierten Welt zum Asyl des Heiligen werden kann. Er stellt eine der wenigen Sphären dar, wo es um 1800 zu epiphanischen Ereignissen kommt. Der Tod auf dem Schlachtfeld bildet eine der wenigen Todesarten, die krisenfest mit einer hochpathetischen Sakralsemantik aufgeladen werden.

Analoges gilt für die ›innenpolitischen‹ Auseinandersetzungen in Frankreich und in den von ihm ab 1792 besetzten Regionen Europas. Seien es ›Freiheit, Gleichheit, Brüderlichkeit‹, ›geheiligtes Menschenrecht‹, ›Nation‹ oder, auf der Gegenseite, ›Kirche‹, ›Krone‹, ›Gottesgnadentum‹, ›Treue‹ zur gottgewollten Ständeordnung u.ä.: Beiden Seiten eignet eine Tendenz, ihre jeweiligen politischen Ordnungsvorstellungen auf militante Weise zu sakralisieren. Feindlich gegenüber stehen sich ein vom Charisma seiner nationalen wie weltgeschichtlichen Mission erfüllter Revolutionsgeist und eine zunächst nur okkasionell, in der Fieberkurve der Auseinandersetzung dann immer ostentativer auf die Ressourcen der christlichen, insbesondere der katholischen Religion zurückgreifende Konterrevolution.

Im Deutschland der 1790er Jahre bedient eine reichhaltige Zeitschriften-, Pamphlet- und Buchliteratur das Interesse an den religionspolitischen Dimensionen der Revolution in Frankreich und in den von französischen Armeen besetzten Gebieten Europas. Das Publikum wird nicht nur über französische Journale wie den berühmten *Moniteur*, sondern auch durch deutschsprachige Veröffentlichungen informiert (und desinformiert). Und das nicht allein über die Vorgänge in der Metropole Paris oder den okkupierten Territorien des Deutschen Reichs, sondern auch über geographisch entlegene Ereignisse wie Marienerscheinungen im Vendée-Bürgerkrieg, Bilderstürme in Norditalien oder die Umwandlung des Kirchenstaates in eine »Repubblica Romana«.

An dieser Stelle ein Beispiel, das uns direkt wieder zum Thema ›Märtyrertum‹ zurückführt. Im Dezember 1793, also ganz im Bann der aktuellen Dechristianisierungskampagne in Frankreich (die im gleichen Monat von Schiller in einem Brief an den Herzog von Augustenburg thematisiert wird[29]), publiziert das Weimarer *Journal des Luxus und der Moden* einen Beitrag mit dem Titel *Heiligthümer und Reliquien aus Frankreich*. Dem Publikum wird ein besonderes »Andenken« an die zerstörte ›Heilige Ampulle‹ ans Herz gelegt, die bei der traditionellen Krönungszeremonie der französischen Könige eine zentrale Rolle spielt und in den Bilderstürmen im Oktober 1793 öffentlich zerstört wurde (Schiller hält das Andenken an diese Reliquie übrigens in der *Jungfrau von Orleans* wach, indem die »Sainte Ampoule« wörtlich in der langen Szenenanweisung des Krönungszugs im vierten Aufzug erwähnt wird).[30]

Das Weimarer *Journal* setzt der mutwilligen Zerstörung der Reliquie eine kollektive Erinnerung an sie entgegen, neben einem längeren Textstück visualisiert durch eine beigefügte Kupfertafel (siehe Abb. 1). Mit dieser Abbildung wird, kommentiert durch ein weiteres Textstück, zugleich aber auch an das jüngst hingerichtete Königspaar erinnert, insofern noch zwei andere »kostbare Reliquien« dargestellt sind: »ein Paar künstliche Ringe« mit angefügtem Miniatursarg und -grabstein, die Haare des Königs, der Königin und der Prinzessin von Lamballe enthalten. Ein Auszug aus der Beschreibung des Reliquars links unten: »Fig. 2.*a.* ist der Ring mit den Haaren des Königs. Der Ringkasten, welcher sich dreht, stellt einen kleinen Sarg vor, der zum Denkmale des blutigen Märtyrertodes des Königs mit 4 rothen Carniol-Tafeln [...] oben belegt ist.«[31] – Die spektakuläre Guillotinierung von Ludwig XVI. am 21. Januar 1793: ein »Märtyrertod«![32]

In der Tat hatte Papst Pius VI. zunächst höchstselbst versucht, Ludwig die Ehren des Märtyrerstandes zuzusprechen. Am 17. Juni 1793 heißt es in einem päpstlichen Schreiben unter Verwendung einschlägiger Signalworte der *gloria passionis* des Märtyrertums:

> Oh triumphaler Tag für Ludwig! dem Gott Geduld (geduldiges Aushalten) in der Verfolgung und Sieg im Leiden gab. Wir haben Vertrauen, dass jener die hinfällige königliche Krone und die rasch dahinschwindenden Lilien glücklich gegen eine andere, ewige Krone, geflochten aus unsterblichen Engelslilien, eingetauscht hat.
>
> (O dies Ludovico triumphalis! cui Deus dedit et in persecutione tolerantiam, et in passione victoriam. Caducam coronam regiam, ac brevi evanescentia lilia, cum perenni alia corona ex immortalibus angelorum liliis contexta feliciter illum commutasse confidimus.)[33]

Drei Monate nach dem Schreiben wird in Rom in der päpstlichen Kapelle des Quirinalpalastes eine pompöse Trauerfeier für den hingerichteten König zelebriert. Warum diese Feier trotz allem Sakralaufwand nicht darin gipfelte, den auf der Guillotine Enthaupteten als Märtyrerkönig zu inthronisieren, hat der Historiker Philippe Boutry

Schillers *Jungfrau von Orleans* und die politische Konjunktur 77

Abb. 1: Unbekannt: Die Sainte Ampoule und Reliquienringe von Ludwig XVI., Marie Antoinette und Prinzessin Lamballe (1793).

herausgearbeitet. Der einzig vergleichbare – und im 18. Jahrhundert von Pius' Vorgänger Benedikt XIV. beurkundete – Fall wäre Maria Stuart gewesen (Anspielungen auf Ludwig XVI. gibt es denn auch in Schillers Trauerspiel über die schottische Königin). Doch trotz bereits einsetzender Bemühungen um eine Seligsprechung des Königs war die groß inszenierte Totenfeier vom September in dieser Hinsicht eher ein Rückschritt, weil sich die Stimmung schon verändert hatte. Die Masse an emigrierten französischen Klerikern in Rom sorgte dafür, die aktuellen Opfer der verschärften Dechristianisierungskampagne ins Zentrum der Aufmerksamkeit zu rücken und im Falle Ludwigs dessen verhängnisvolle politische Fehler hervorzuheben. Und so kam es, dass in der französischen Leichenrede der König zwar als »héros chrétien« (christlicher Held) erscheint, nicht aber als Märtyrer.[34] Papst, Amtskirche und theologische Sekundanten wandten sich anderen Blutzeugen und -zeuginnen zu: Weltgeistlichen und Ordensangehörigen, die in der Zeit von Dechristianisierung und *terreur* den priesterlichen Verfassungseid verweigerten, sich der Auflösung ihrer Ordensgemeinschaften widersetzten und das vielfach mit ihrem Leben bezahlen mussten. Sie werden nun als Blutzeugen und -zeuginnen ins Zentrum der kirchlichen Agitation gerückt.

Im Falle des guillotinierten Königs tat allerdings die kirchenobrigkeitliche Zurückhaltung diversen anderen Versuchen keinen Abbruch, Ludwig als Heiligen zu inszenieren und mit der Märtyrerpalme auszuzeichnen. Stichworte wie ›Märtyrer‹ und ›Märtyrertod‹ sind europaweit, entsprechend auch in deutschsprachigen Publikationen der Zeit häufig anzutreffen. Auch setzt dieser eigentümliche ›Ruf der Heiligkeit‹ nicht erst *post mortem* ein. Schon während seiner Gefangenschaft im Temple boten die Schikanen, denen der König ausgesetzt war, seinen Anhängern genügend Stoff, um an Märtyrerlegenden zu stricken.

Und während die republikanische ›Schlagbilderpolitik‹ bevorzugt das abgetrennte Haupt des Monarchen präsentiert (als Beispiel Abb. 2),[35] setzt die gegenrevolutionäre Druckgraphik darauf, den noch lebenden Ludwig als Märtyrer auf dem Schafott oder den bereits verklärten Verewigten in Szene zu setzen. In einem kolorierten Stich mit dem Titel *The Martyrdom of Louis Sixteenth, King of France* wird dabei die theatrale Seite der Hinrichtung besonders sinnenfällig (Abb. 3). Den Tod vor Augen, richtet der standhafte, aber zugleich auch bewegte Ludwig den Blick nach oben gegen einen erleuchteten Himmel,[36] ein Gestus, der für viele bildkünstlerische wie literarische Martyriumsdarstellungen einschlägig ist. Auf das Leiden folgen, wie bei allen christlichen Märtyrer:innen, Himmelfahrt und Apotheose. Ein wahrscheinlich 1795 angefertigter Stich mit dem Titel *L'apothéose du martyr* von Francesco Bartolozzi nach einem Sujet von Gavin Hamilton (Abb. 4) zeigt den auf der Guillotine enthaupteten Ludwig mit unversehrtem Auferstehungsleib, von himmlischem Licht angestrahlt und von Engeln begleitet, die ihm einen Lilienkranz und die ewige Krone reichen. – »Kurz ist der Schmerz und ewig ist die Freude.«

Die deutschsprachige Literatur nutzt für ihre Popularhagiographie verschiedene Gattungen und Fokalisierungen. In einem anonymen Lied, das laut Paratext nach der Melodie des Chorals *Was Gott tut, das ist wohlgetan* zu singen ist, spricht der hingerichtete König selbst und informiert uns wie Schillers Johanna über die himmlische Genugtuung, die ihn nach seinem Leiden und gewaltsamen Tod erwartet:

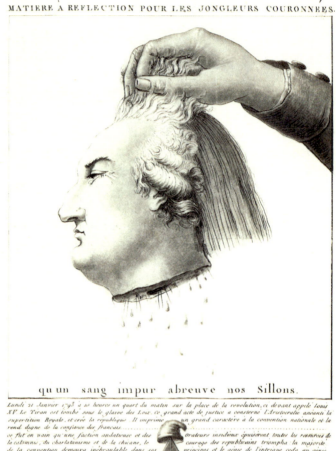

Abb. 2: Villeneuve: *Matière à réflection pour les joungleurs couronnées* (1793).

Abb. 3: Isaac Cruikshank: *The Martyrdom of Louis XVI. King of France* (1793).

> Da Frankreich mir die Krone raubt
> Und nimmt mein junges Leben,
> So daß ich mein gesalbtes Haupt
> Noch mußt' zuletzt hergeben,
> Wird mir doch jetzt schon aufgesetzt
> Dafür die Himmelskrone
> In jener Freud' und Wonne.[37]

Abb. 4: Francesco Bartolozzi nach Gavin [?] Hamilton: *L'apothéose du martyr* (1793).

1793/94 erscheinen auch vier deutsche Trauerspiele über das guillotinierte Königspaar, die exzessiv mit Schlagworten und -bildern aus dem semantischen Feld von Martyrium, Heiligung und himmlischer Seligkeit als Lohn für die unbeugsam ertragenen Demütigungen und Martern operieren: zwei Dramen von Ernst Carl Ludwig Ysenburg von Buri: *Ludwig Capet, oder Der Königsmord* und *Marie Antonie von Oesterreich. Königinn in Frankreich*; Franz Hochkirch: *Kapet oder Der Tod Ludwig XVI. König von Frankreich* sowie, anonym veröffentlicht, *Marie Antoinette, oder die unglükliche Königin*.[38]

Doch nicht nur die europaweiten Revolutionsgegner haben und feiern ihre Blutzeugen. Im republikanischen Frankreich trifft man auf Personenkulte für Märtyrer der Revolution. Sie nehmen ihren Ausgang in der Verehrung für den ermordeten Jean Paul Marat. Hinzu kommen Louis-Michel Le Peletier und Joseph Chalier, die vom Konvent zusammen mit Marat den Titel »martyrs de la Liberté« verliehen bekommen. Man errichtet mit Palmblättern geschmückte Altäre mit Büsten und Bildern – am berühmtesten Jacques-Louis Davids *La Mort de Marat* mit Anspielungen auf die Passionsikonographie (Abb. 5) –,[39] man verfasst sogenannte *Discourses d'Apothéose* und hält Totenfeiern und Prozessionen ab, auf denen Frauenchöre, die noch in der katholischen Heilig-Herz-Frömmigkeit sozialisiert worden waren, Litaneien auf das Herz des toten Revolutionärs singen: »O Cœur Jesus, o Cœur Marat! Cœur sacre de Jesus, cœur sacre de Marat«.[40] In feierlichen Umzügen wird der Leichnam des Ermordeten ins Pantheon überführt, sein Herz hingegen in einem Gefäß im Gewölbe des Jakobiner-Clubs aufbewahrt. Dieser Kult um prominente Revolutionäre, die Opfer antijakobinischer Gewalt wurden, steht nicht nur zeitlich in direktem Zusammenhang mit dem Beginn der *terreur*-Phase der Revolution. Wie beim alludierten Vorbild christlicher Märtyrer entsteht hier eine Dynamik, in der sich erlittene und ausgeübte Gewalt wechselseitig fordern.

Gerade mit Blick auf dieses Syndrom sind als letzte ›Martyriums-Klasse‹ der 1790er Jahre im Gefecht gefallene

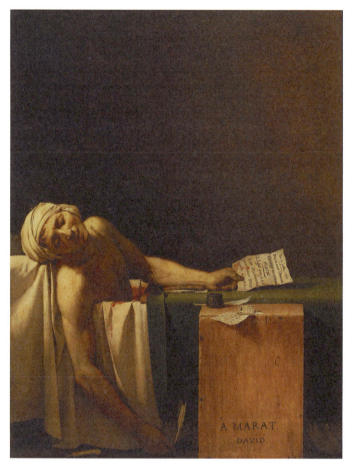

Abb. 5: Jacques-Louis David: *La Mort de Marat* (1793).

Kombattanten, Kombattantinnen, Attentäter und Attentäterinnen zu nennen, die zu Blutzeugen und -zeuginnen ihrer jeweiligen Sache stilisiert werden. Hier sind es, statistisch gemessen an ihrer Gesamtbeteiligung an den militärischen Auseinandersetzungen, auffallend oft junge kämpfende Frauen, um die ein Propagandakult entsteht, bei dem meist nicht nur das jugendliche Alter, sondern auch die Jungfräulichkeit der Verehrten hervorgehoben wird. Gleiches gilt für Charlotte Corday, die Attentäterin Marats, über die Jean Paul in einem novellistischen Essay im Duktus einer Heiligenlegende bemerkt: »Nur die Jungfrau [...] stirbt für Welt und Vaterland; die Mutter bloß für Kinder und Mann.«[41]

Diese Frauen werden von der revolutionären wie der gegenrevolutionären Seite zu Tugendheldinnen und Heiligen verklärt – sobald sie für ihre Mission ihr Leben gelassen haben. 1793 kommt es beispielsweise zur informellen ›Kanonisierung‹ einer konterrevolutionären Märtyrerin aus dem Geiste der Jungfrau Maria. In der Bretagne entsteht an einem Ort, wo eine junge Partisanin, die vor republikanischen Soldaten bei einem Marienbild im Wald Zuflucht gesucht hatte, von diesen entdeckt und ebendort fusiliert wurde, mit dem sogenannten »chêne à la Vierge« (›Marieneiche‹) ein Ziel spontaner Wallfahrten.[42] Ein Fall auf republikanischer Seite ist Perrine Dugué, die 1796 bei Kämpfen in der Provinz Maine starb und deren Seele sich wie diejenige der Jungfrau von Orleans ›mit Flügeln in den Himmel erhob‹, wie Augenzeugen zu berichten wussten, die am Seelengefieder dann auch gleich die Farben der Revolution identifizieren konnten: »on a vu son âme s'élever au ciel avec des ailes tricolores« (›man sah ihre Seele mit trikolorefarbenen Flügeln zum Himmel aufsteigen‹).[43]

Von hier aus möchte ich am Schluss nun noch einmal auf Schillers Adaption von Elementen der Gattung ›Legende‹ für die *Jungfrau von Orleans* zurückkommen. Schillers ›Legendendrama‹ unterscheidet sich illokutionär von allen anderen Auseinandersetzungen mit der Gattung um 1800. Die Tragödie zielt weder darauf, ein altes geistliches Literaturgenre zu würdigen (wie es etwa die Theologen Johann Gottfried Herder und der schon erwähnte Kosegarten unternehmen), noch, die Legende ausschließlich kritisch als voraufgeklärten Fanatismus zu problematisieren (wie verschiedene Aufklärer). Sie nutzt die Legendentradition aber auch nicht allein für ein poetisches Spiel mit überlieferten Gattungsmustern (wie Tiecks Genoveva-Drama). Für all diese Umgangsweisen lassen sich zwar Züge und entsprechende Rezeptionsangebote im Text finden. Darüber hinaus versucht sich Schillers Stück aber auch an einer neuen gebrauchsliterarischen Funktion legendarischer Muster. Bleibt bei den Revitalisierungsversuchen der praktizierenden Geistlichen Herder und Kosegarten trotz aller Historisierung doch immer noch ein religiöser Erbauungszweck erkennbar, so löst Schiller die Legende vollständig aus den pragmatischen Zusammenhängen von christlicher Didaxe, Erbauung und Seelsorge. Diese Entpragmatisierung läuft indes nicht wie bei Tieck auf ein ästhetisch autoreflexives Experiment hinaus, sondern auf eine Repragmatisierung zu anderen Zwecken.

›Heiligkeit‹, ›Opferbereitschaft‹ und ›Martyrium‹ im strikt theologisch-kanonischen Sinne werden transformiert in ein idealistisches und patriotisch getöntes Charisma, das in der Zeit der Napoleonischen Kriege sowohl für die ›niederen Stände‹ mit ihren popularreligiösen Bedürfnissen wie für die ›Gebildeten unter den Verächtern‹ der Religion einen kulturellen und politischen Identifikationswert besitzen soll. Ebendas unterscheidet Johannas vaterländisch politisiertes Martyrium auch vom frühchristlichen Modell, wo ein Sterben ›pro patria‹, wie es Horaz, Cicero und andere römische Autoren gefeiert haben, gegenüber dem Sterben für Gott, Christus und den wahren Glauben zu den minder wertvollen Spielarten »in contemptu mortis« (der Todesverachtung) gehören.[44]

Vom Standpunkt eines Aufklärers wie Lessing oder einer westeuropäisch-postheroischen Gesellschaft von heute aus betrachtet, mutet dieses ganze Religionseifer- und Martyriums-Syndrom der Revolutionszeit inklusive seiner literarischen Verhandlung in Schillers *Jungfrau* wie ein unheimlicher Wiedergänger an, ein Revenant aus der Zeit der Kreuzzüge oder der Konfessionskriege des 16./17. Jahrhunderts. Doch wenn der russische Ultranationalist Alexander Dugin ein halbes Jahr nach Beginn des Überfalls Russlands auf die Ukraine und nach dem Tod seiner Tochter Darja bei einem Bombenanschlag im August 2022 erklärt, seine Tochter habe ihr »jungfräuliches Leben« auf dem »Altar« des Sieges Russlands geopfert und solle »die Söhne unseres Vaterlandes zu Heldentaten inspirieren«,[45] zeigt sich, dass es zur Zeit Schillers nicht das letzte Mal gewesen ist, dass dieser Revenant Gesellschaften heimgesucht hat.

## Anmerkungen

1   Schiller: *Die Jungfrau von Orleans*, Szenenanweisung vor V. 14. SW 2, 810.
2   William Shakespeare: Richard II, Szene II.1.
3   SW 2, 811 f., V. 3536–3544.
4   Der Maget Krône. Ein Legendenwerk aus dem XIV. Jahrhunderte. Hrsg. von Ignaz V. Zingerle. Wien 1864, S. 56.
5   Anonym: Triumphvs Divi Michaelis/Triumph des Heiligen Michael, S. 290, V. 2671 f., Übersetzung von Barbara Bauer und Jürgen Leonhardt (Regensburg 2000) ebd., S. 291 (hier leicht verändert).
6   Anonym: Die von Gott besonders erkiesene, und durchgehends, sowohl wider die feindlichen Waffen, als wider allen Martern unüberwindliche Jungfrau und Heldinn Johanna von Ark, oder das berühmte Bauermägdlein von Orleans. Das Szenario ist vollständig ediert in: Adalbert Sikora: Die Jungfrau von Orleans im tirolischen Volksschauspiel. In: Studien zur vergleichenden Literaturgeschichte 6 (1906), S. 401–408, hier S. 404.
7   Christoph Martin Wieland: Lady Johanna Grey, oder der Triumf der Religion. In: Ders.: Sämmtliche Werke. Supplemente Bd. 4. Leipzig 1798 [Nachdruck Hamburg 1984], S. 270.

8   Ludwig Theobaul Kosegarten: Legenden. 2 Bde. Berlin 1804, Bd. 1, S. 170.
9   Scriptores Rerum Prussicarum. Die Geschichtsquellen der preußischen Vorzeit bis zum Untergange der Ordensherrschaft. Hrsg. von Theodor Hirsch, Max Töppen und Ernst Strehlke. Bd. 1. Leipzig 1861 [unveränderter Nachdruck Frankfurt am Main 1965], S. 386, V. 7246 und 7263–7269.
10  Novalis: Werke, Tagebücher und Briefe Friedrich von Hardenbergs. 3 Bde. Hrsg. von Hans-Joachim Mähl und Richard Samuel. München/Wien 1978 ff., Bd. 1, S. 278 f.
11  Schiller: *Die Jungfrau von Orleans*, V. 2203. SW 2, 761.
12  Vgl. ausführlich Ulrich Port: Militante Marienfrömmigkeit. Schillers *Jungfrau von Orleans* und die Politisierung der Religion um 1800. Stuttgart 2023, Kapitel 16, 18, 20 und 24.
13  Schiller: *Die Jungfrau von Orleans*, V. 1520–1523. SW 2, 738. Vgl. auch ebd., V. 1666 f. und 3376. SW 2, 743 und 805. Zur Finalitätsbestimmtheit der Legende vgl. Edith Feistner: Historische Typologie der deutschen Heiligenlegende des Mittelalters von der Mitte des 12. Jahrhunderts bis zur Reformation. Wiesbaden 1995, S. 26–33 und 39; Andreas Hammer: Erzählen vom Heiligen. Narrative Inszenierungsformen von Heiligkeit im *Passional*. Berlin/Boston 2015, S. 387–390.
14  Vgl. hierzu bes. Entscheidung zur Heiligkeit? Autonomie und Providenz im legendarischen Erzählen vom Mittelalter bis zur Moderne. Hrsg. von Daniela Blum u.a. Heidelberg 2022.
15  Vgl. Peter Brown: Die Keuschheit der Engel. Sexuelle Entsagung, Askese und Körperlichkeit im frühen Christentum. Übers. von Martin Pfeiffer. München 1991, S. 75; Michel Foucault: Die Geständnisse des Fleisches (Sexualität und Wahrheit 4). Hrsg. von Frédéric Gros. Übers. von Andrea Hemminger. Berlin 2019; Zur *Jungfrau von Orleans* in dieser patristischen Spur vgl. Port: Militante Marienfrömmigkeit (Anm. 12), Kapitel 20.
16  »Die *schöne* Seele muß sich also im Affekt in eine *erhabene* verwandeln, und das ist der untrügliche Probierstein, wodurch man sie von dem *guten Herzen* oder der *Temperamentstugend* unterscheiden kann.« (SW 5, 474).
17  Vgl. etwa in der *Legenda aurea*: Agatha (Cap. XXXIX), Agnes (XXIV), Juliana (XLII), Margareta (XCIII), Eugenia (CXXXVI), Caecilia (CLXIX), Katharina von Alexandrien (CLXXII), Barbara von Nikomedien (CCII) oder Dorothea (CCX).
18  Schiller: *Die Jungfrau von Orleans*, Szene V.9, V. 3337 f. (Lionel). SW 2, 804.
19  Ebd., SW 2, 810 ff., hier 811.

20 Brief an Goethe vom 3. April 1801. FA/S 12, 565.
21 David Hume: The Natural History of Religion. London 1889, S. 74.
22 Den Begriff »lügen Legenden« prägt Justus Jonas 1535 in seiner Übersetzung von Melanchthons *Apologia Confessionis Augustanae* (*Apologia der Konfession*, S. 269; vgl. auch ebd., S. 266: »Fabeln und lügen der Legenden«). Den sprachspielerischen Begriff »Lügende« kreiert Luther 1537 in seiner Polemik gegen die altkirchlich-katholische Legendenliteratur in der *Lügend von S. Johanne Chrysostomo* (D. Martin Luthers Werke [Weimarer Ausgabe]. 120 Bde. Weimar 1883–2009, Bd. 50, S. 48–64) und benutzt ihn auch noch später (vgl. ebd., Bd. LIII, S. 391 f. und 410). Er wurde dann »zum Gemeinplatz in der protestantischen Polemik« (Rudolf Schenda: Hieronymus Rauscher und die protestantisch-katholische Legendenpolemik. In: Volkserzählung und Reformation. Ein Handbuch zur Tradierung und Funktion von Erzählstoffen und Erzählliteratur im Protestantismus. Hrsg. von Wolfgang Brückner. Berlin 1974, S. 178–259, hier S. 188). Johann Gottfried Herder zitiert das Schlagwort – kritisch – direkt im ersten Satz seiner Abhandlung *Über die Legende* von 1797.
23 Hamburgische Dramaturgie, 1. Stück, *Werke*. 8 Bde. Hrsg. von Herbert G. Göpfert. München 1970 ff., Bd. IV, S. 238.
24 SW 2, 688.
25 SW 4, 991 f.
26 Vgl. Schiller: *Über das Pathetische*. SW 5, 528–534.
27 Vgl. etwa den Artikel »Fanatisme« aus dem *Dictionnaire Philosophique*. In: François-Marie Arouet Voltaire: Oeuvres complètes de Voltaire, Nouvelle édition avec notices, préfaces, variantes, table analytique, les notes et tous les commentaires et des notes nouvelles, conformé pour le texte à l'*édition de Beuchot*. Hrsg. von Louis E. Moland. Paris 1877–1885, Bd. 29, S. 73–87.
28 »Il faut y ajouter aussi le fanatisme religieux.« (Albert Mathiez: Contributions à l'histoire religieuse de la Révolution française. Paris 1907, S. 40 f.). Vgl. ausführlich mit Verweisen auf die einschlägige Forschungsliteratur zu dieser Seite der Französischen Revolution Port: Militante Marienfrömmigkeit (Anm. 12), Kapitel 10–13.
29 Vgl. Schillers Brief an den Herzog von Augustenburg vom 3. Dezember 1793. FA/S 8, 549–553.
30 Vgl. Schiller: *Die Jungfrau von Orleans*, Szene IV.6. SW 2, 782.
31 Heiligthümer und Reliquien aus Frankreich. In: Journal des Luxus und der Moden 8. Hrsg. von Friedrich Justin Bertuch. Dezember 1793, S. 665.
32 Vgl. ausführlich Port: Militante Marienfrömmigkeit (Anm. 12), Kapitel 12.

33  Schreiben vom 17. Juni 1793 mit dem Titel *Causa necis illatae Ludovico XVI Galliarum Regis Christianissimo*, zitiert nach Pii VI. Pont. Max.: Acta quibus ecclesiae catholicae calamitatibus in Gallia consultum est. 2 Bde. Rom 1871, Bd. 2, S. 34 (eigene Übersetzung).

34  Philippe Boutry: Le Roi martyr. La cause de Louis XVI devant la Cour de Rome (1820). In: Revue d'histoire de l'Église de France 1990, S. 57–71, hier S. 59–65. Vgl. auch Bernard Plongeron in *Les défis de la modernité* (1750-1840) [Histoire du christianisme des origins à nos jours, Bd. 10]. Paris 1997, S. 351 f. Zitat von Paolo Leardi: *In funera Ludovici XVI*, nach der französischen Übersetzung *Oraison funèbre de S.M. Louis XVI*. Rom 1793, S. 44, zitiert nach Boutry, ebd., S. 63.

35  Die Abbildung ist betitelt mit der kaum verhohlenen Drohung *Matière à réflection pour les joungleurs couronnées*.

36  Vgl. die vorletzte Szenenanweisung der *Jungfrau von Orleans*: »Der Himmel ist von einem rosigten Schein beleuchtet« (SW 2, 811).

37  Gegenruf des verewigten Königs in Frankreich an seine Gemahlin und Kinder. In: Deutsche Literatur in Entwicklungsreihen, Reihe Politische Dichtung, Bd. I. Hrsg. von Emil Horner. Nachdruck d. Ausgabe Leipzig 1930. Darmstadt 1973, S. 168.

38  Vgl. zu Momenten eines Nachlebens barocker Märtyrertrauerspiele in diesen Dramen Port: Militante Marienfrömmigkeit (Anm. 12), Kapitel 12, Abschnitt 3.

39  Vgl. bes. Klaus Herding: Davids *Marat* als ›dernier appel à l'unité révolutionnaire‹. In: Idea 2 (1983), S. 89–112; Jörg Traeger: Der Tod des Marat. Revolution des Menschenbildes. München 1986; Thomas W. Gaehtgens: Davids *Marat* (1793) oder die Dialektik des Opfers. In: Das Attentat in der Geschichte. Hrsg. von Alexander Demandt. Köln/Weimar 1996, S. 189–213; Marc Vanden Berghe und Ioana Plesca: Nouvelles perspectives sur la Mort de Marat. Entre modèle jésuite et références mythologiques. Brüssel 2004.

40  Die ›Heilig-Herz-Litaneien‹ werden zitiert in: Les Révolutions de Paris, No. 211. Hrsg. von Louis-Marie Prudhomme, 20.7.–3.8.1793, S. 61. Vgl. dazu Mona Ozouf: La fête révolutionnaire 1789–1799, 1789–1799. Paris 1988, S. 752–754, hier S. 447.

41  Jean Paul: Sämtliche Werke. Hrsg. von Norbert Miller und Wilhelm Schmidt-Biggemann. 10 Bde. München 1985, Bd. VI, S. 345.

42  Vgl. Michel Lagrée: Piété populaire et Révolution en Bretagne l'exemple des canonisations spontanées (1793–1815). In: Voies nouvelles pour l'histoire de la Révolution française: Colloque Albert Mathiez – Georges Lefebvre (30 novembre – 1er décembre 1974). Paris 1978, S. 268.

43  Demgegenüber bleibt die Farbe des »Flügelkleide[s]« (V. 3542. SW 2, 812), mit dem sich Schillers Johanna zum Himmel erhebt, unbestimmt.
44  Vgl. z.B. Tertullians Apologeticum adversum gentes pro christianis. In: Patrologia Latina. Hrsg. von Jacques-Paul Migne. Paris 1844. Bd. I, S. 534 f., Zitat ebd.
45  Zitiert nach Friedrich Schmidt: Ein Tod für Kampf und Sieg. In: Frankfurter Allgemeine Zeitung (24.8.2022), S. 2.

# Abbildungen

Abb. 1: Unbekannt: Sainte Ampoule und Reliquienringe von Ludwig XVI., Marie Antoinette und Prinzessin Lamballe. Kupferstich. In: Journal des Luxus und der Moden (Dezember 1793), Tafel 36.

Abb. 2: Villeneuve: Matière à réflection pour les jongleurs couronnées. 1793. Kupferstich. Paris, Bibliothèque nationale.

Abb. 3: Isaac Cruikshank: The Martyrdom of Louis XVI. King of France. 1793. Kolorierter Kupferstich. Paris, Bibliothèque nationale.

Abb. 4: Francesco Bartolozzi nach Gavin [?] Hamilton: L'apothéose du martyr. 1793. Kupferstich. Paris, Bibliothèque nationale.

Abb. 5: Jacques-Louis David: La Mort de Marat. 1793. Öl auf Leinwand. Brüssel, Königliche Museen der Schönen Künste. (https://commons.wikimedia.org/wiki/File:Death_of_Marat_by_David.jpg aufgerufen am 16.2.2023).

Antonia Eder

# Glaube, Liebe, Räume

Geschlechtertopologie und Raumsemantik
in Schillers *Die Jungfrau von Orleans*

Wenn Literatur Welten modelliert, bedient sie sich einer »Sprache der räumlichen Relationen«.[1] Folgt man diesem strukturalistisch gelagerten Diktum Jurij Lotmans, dann tendieren wir kulturübergreifend dazu, topologische Größen (oben/unten, recht/links, nah/fern) semantisch aufzuladen (hell/dunkel, gut/böse, eigen/fremd) und dies in literarischen Texten als bedeutungskonnotierte Relationen der Topographie (Berg/Tal, Himmel/Erde) zu konkretisieren.[2] Raumverhältnisse in der Literatur sind also nicht bloß dekorativer Hintergrund, sondern aisthetisch sowohl auf intratextueller als auch auf der Rezeptionsebene semantisch wirksam.

Dies gilt buchstäblich doppelt für die Gattung ›Drama‹, liegen raumerzeugende Verfahren hier doch zweifach vor, zum einen auf der Ebene des Dramentextes (hier meist, aber nicht nur im Nebentext) und zum anderen auf der Ebene des Bühnenraums einer realisierten Aufführung. Dass ein Wirkungsästhetiker wie Schiller genau diese Ebenen eines theatralen Raums (imaginiert wie realisiert) nicht nur visuell, sondern auch akustisch bespielt, lässt sich an seiner »romantischen Tragödie« *Die Jungfrau von Orleans* (1801) eindrücklich zeigen. Lotmans topologische Stichworte von »Oben – Unten«, »Himmel – Erde«[3] konstituieren in dominanter Weise die Dynamik von Schillers Drama und lassen Raumrelationen moralisch, religiös, (geschlechter-)politisch und sozial an normativer Bedeutung gewinnen. Um eben diese raumsemantischen Bedeutungsverhältnisse soll es im Folgenden gehen, genauer: um das spezifische Bedeutungsverhältnis, das sich in der Dynamik zwischen Raum und Geschlecht in *Die Jungfrau von Orleans* zeigt.

Zwei Punkte möchte ich dabei besonders in den Blick nehmen: Erstens werde ich anhand einiger Szenen das Verhältnis zwischen körperlicher Haltung im (imaginierten) Bühnenraum und der damit einhergehenden Bedeutungszuschreibung untersuchen. Zweitens werde ich diese topologisch beobachtbare Bedeutung als Deutungshoheit auf Fragen der Geschlechterdifferenz beziehen. Zentral für meinen Zugriff sind dabei die weibliche Hauptfigur Johanna und die ihr jeweils zugeschriebene Macht bzw. Ohnmacht im Handlungs- und Darstellungsraum des Dramas. Unter dem dramatischen Raum lässt sich sowohl der Bühnenraum als auch der textuelle Raum verstehen – beide sind allerdings, so werde ich zeigen, semantisch nicht immer identisch besetzt. Die geschlechterdifferenziell geprägten Machtverhältnisse des Dramenraums in *Die Jungfrau von Orleans* lassen sich, so meine These, über die spezifische Position des Körpers im topologisch-theatralen sowie im semantischen Raum diskutieren.

Zunächst soll ein kurzer Überblick zum Verhältnis der Geschlechter in der Zeit um 1800 die hier vorgestellte Lesart historisch kontextualisieren. Dies ist auch deshalb wichtig, um erörtern zu können, warum Schiller mit seiner *Jungfrau* einen historisch tradierten Stoff wählt, der zentral eine Frauenfigur raumsemantisch politisiert. Anschließen wird sich eine genauere Analyse, in der die Produktion und Semantisierung von Raum innerhalb und durch das Drama anhand ausgewählter Szenen verfolgt wird. In der finalen Rekapitulation wird nochmals gezeigt, wie sich Geschlechter-Codes und Raumsemantiken ineinander überführen lassen.

## I. Naturalisierte Geschlechterräume um 1800

Die anthropologisch grundierte Fortschrittsgeschichte ist im Nachgang der Französischen Revolution brüchig geworden und so versucht man in der Literatur um 1800, »die horizontale Dimension der Geschichte« zu transzendieren, aber auch zu stabilisieren, indem man das Weltgeschehen um eine metaphysische und darin ahistorische Vertikale gruppiert.[4] Dies zeigt sich literarisch beispielsweise anhand von normsprengenden Figuren in Texten Kleists, Hölderlins, Goethes und eben auch Schillers. Hierin liegt nun nicht eine Rückbesinnung auf eine voraufgeklärte Gottesfürchtigkeit, vielmehr ist dies eine poetische Annäherung an eine mit Gottes*macht* assoziierte Vertikale, die jene Macht nun über den Menschen im Raum der Welt verwirklichen soll: Die horizontale Kluft auf der Zeitachse zwischen *Ancien Régime* und postrevolutionärer Gesellschaft wird gewissermaßen über die Vertikale zu schließen versucht. Der Doublebind von Distanzierung und Internalisierung einer ahistorischen Transzendenz (Vertikale), den die mit offenen Zukunftsfragen ringende Gegenwart intendiert,[5] gelingt in der Literatur dabei nicht zuletzt über eine normative, spezifisch geschlechterdifferenzielle Inszenierung.

Diese poetischen Inszenierungen sind wiederum diskurshistorisch codiert über die Matrix einer Geschlechterrealität um 1800. In ihrem nach wie vor einschlägigen Buch hat die Soziologin Claudia Honegger gezeigt, wie sich

*Die Ordnung der Geschlechter* (1991) im 18. Jahrhundert grundlegend verändert: Die Zunahme an Wissen über den Menschen in der noch jungen Moderne formt und stabilisiert sich über eine bestimmte Norm: das Männliche. Über den methodischen Kunstgriff der Naturalisierung wird die Geschlechterdifferenz im Zirkelschluss dann auch theoretisch begründet. Über die ›Erfindung‹ der Naturalisierung von Männlichkeit und Weiblichkeit, d.h. eine mögliche Ableitung von sozialen, emotionalen oder intellektuellen Fähigkeiten und damit auch Zuständigkeiten qua Geschlecht, wird ein wichtiges Instrument zur politischen sowie ökonomischen Ausgrenzung und damit Einhegung der Frau im 18. Jahrhundert gewonnen.

In dieser Logik greift auch die topologische Differenz von Vertikale und Horizontale: Denn gleichzeitig Anbindung und Abstand zwischen Mensch und Gott her- und auf Dauer zu stellen, wird seit dem ausgehenden 18. Jahrhundert vor allem und sozusagen ›naturgemäß‹ der Frau obliegen.[6] Der Frau kommt es zu, den in der Welt horizontal fort- und voranschreitenden Gestaltungswillen einer ›männlichen Natur‹ über zyklische und ewige, also tendenziell zeitenthobene Formen, die dem Weiblichen zugeschrieben werden, zu komplementieren: Der Mann dient dem Fortschritt und der Reflexion (auf der horizontalen Ebene der Geschichte) und der Frau obliegen (auf der Vertikale) Erdung (nach unten) und transzendentale Rückbindung (nach oben) des menschlichen Tuns.[7]

## II. Theatral topologische Körper

Als derart ›arbeitsteilig‹ ließe sich das Geschlechterverhältnis in Bezug auf Transzendenz und Immanenz auch in *Die Jungfrau von Orleans* vor allem von ihrem Ende her lesen, an dem die Heldin *nolens volens* in die Position der Mediatorin zwischen eine transzendental markierte Vertikale einerseits und den Zeitstrahl der Geschichte andererseits gerückt wird: Sie befindet sich final in einer Position, über die zwei Machtbereiche, nämlich Transzendenz und Immanenz, vermittelt werden sollen – als Mittlerin bleibt die Figur der Johanna gleichwohl nur ein Medium des Durchgangs.« Denn diese Machtbereiche wiederum bilden jeweils eine göttliche (vertikale) und eine männlich konnotierte (horizontale) Ordnung, *in* denen die Heldin aufgrund ihrer nicht-göttlichen und nicht-männlichen Natur letztlich aber keinen autonomen Ort haben kann. Zu diesem Ende, das werde ich im Folgenden zeigen, führt im Drama der Weg zunächst über die Figuration, dann die Gefährdung und schließlich die finale Tilgung weiblicher Souveränität.

Über die Figurenwelt hinaus lässt sich die mit Honegger dargelegte, geschlechterdifferenzielle Logik jedoch auch im dramatischen (Bühnen-)Raum verfolgen. Ein Beobachtungsangebot zweiter Ordnung, so meine These, ist dem Drama über die Ebene der theatralen und referenziellen Repräsentation eingeschrieben: Über die Bühne kann durch den Verlust oder den Erhalt der figuralen Position im Theaterraum eine Haltung *in* und damit *zur* Welt markiert werden.[8] Wenn man nun die Kategorie ›Geschlecht‹ in diese Denkfigur einer Haltung in der Welt als Haltung zur Welt integriert, lässt sich in Schillers Drama ein spezifisches Darstellungsverfahren beobachten: Dieses Verfahren operationalisiert Geschlechterdifferenz über raumsemantische

Darstellung, d.h. Dimensionen und Vektoren des Raums werden semantisch aufgeladen, indem topologischen Parametern (nah/fern, hoch/tief etc.) Wertungen aus ursprünglich nicht topologischen Relationen (gut/böse, sterblich/unsterblich etc.) eingeschrieben werden.[9] In *Die Jungfrau von Orleans* erscheint in dieser Hinsicht die Horizontale als männlich konnotierter Bewegungsraum, als Raum des Fortschritts, der *actio* und der Immanenz. Die Vertikale hingegen ist durch heteronome und reaktive bzw. passive Auf- oder Abwärtsbewegungen (wie Er-/Überhöhung, Erniedrigung, Ohnmacht, Schwindel oder Fall) geprägt und wird meist von weiblichen oder weiblich konnotierten Figuren bespielt.

Ihr buchstäblich fehlender Halt *in* der Welt assoziiert dabei die oft weiblichen Figuren mit einer raumsemantischen Ebene des Zeitlosen und Über- oder Unter-Irdischen in einer transzendental besetzten Vertikale. Die theatral körperlichen Positionen der Johanna-Figur sollen hier geschlechtertheoretisch daher als Raum-Zeichen verstanden und als solche untersucht werden: Johannas Position steht und fällt (buchstäblich, nämlich bühnenraumlogisch) mit der Legitimierung und Delegitimierung durch eine geschlechtlich codierte Matrix, in der Johanna als Auserwählte oder aber Ausgestoßene markiert ist. Ihr wird teils eine gewisse Handlungsmacht zugesprochen, teils abgesprochen (beides mit dem Argument, sie sei Gottes Werkzeug), wobei innere und äußere Wirklichkeit korreliert sein können, es aber vor allem am Dramenende nicht (mehr) sind – beobachtbar wird diese Wechselwirkung oftmals über die Bewegungen von Johanna im Raum.[10]

Über diese Spaltung in Macht und Ohnmacht wird der im Drama thematisierte Konflikt zwischen Transzendenz und Immanenz im theatralen Raum geradezu sichtbar reflektiert: Das Spannungsverhältnis zwischen, aber auch innerhalb von Figuren zeigt sich an ihrer Disposition, sich in Horizontale und/oder Vertikale zu bewegen. Befragt werden durch Schillers Drama damit sehr grundsätzlich Repräsentations- und Referenzverhältnisse, die eine Kluft zwischen Gesagtem und Gezeigtem, zwischen dem dialogisch Dargestellten und der topologischen Darstellung des Dramas selbst kenntlich machen. Darüber hinaus wird diese Kluft zwischen dem Bühnenraum einer (imaginierten) Aufführung und dem Textraum (dem Drama als Text) auch als geschlechtlich codierter Kommentar zum Dramengeschehen lesbar: Uns als Zuschauer:innen respektive Leser:innen wird so gewissermaßen eine Draufsicht geboten, die Raum und Geschlecht semantisch in Beziehung zueinander setzt und so vorgängig reflektiert.

Dabei ist der menschliche Körper für Schiller ein ganz entscheidender Faktor für die Brüchigkeit der theorieästhetischen Idealismen, auch der eigenen – denn genau hier trennen sich vielfach Schillers Theorie und Dramenpraxis. Dieser Körper und vor allem sein nur allzu menschliches Begehren werden den höheren Prinzipien oft genug zum Verhängnis: »Hier ist die Stelle, wo ich sterblich bin« (NA 6, 989),[11] klagt der eifersüchtige Philip in *Don Karlos* und markiert damit einen Punkt, der ihn selbst als Souverän verletzbar macht – den Punkt des Begehrens. Eben dieses Begehren, so wird im Folgenden zu zeigen sein, wird auch in *Die Jungfrau von Orleans* zum entscheidenden und buchstäblichen *movens*, das über Johannas Körper eine prä- und postlapsarische Dynamik entfaltet. Dass dieser Körper fallen muss, legt schon seine Konstitution nahe, die eine unerhörte Querung der Geschlechternorm darstellt: Als kämpfende Amazone und lustabstinente Jungfrau, »*im Helm und Brustharnisch, sonst aber weiblich gekleidet*« (NA 9, 224;

nach V. 1497),[12] inszeniert der Nebentext die Jungfrau als Geschlechteramalgam. Als geschlechtlich uneindeutiges Hybrid irritiert Johanna die Wahrnehmung und gefährdet offensichtlich die eigentlich diskreten[13] Erkenntniskategorien einer geschlechterdifferentiell organisierten Ordnung, in der Mann und Frau dezidiert unterschieden sein müssen. Diese Gefährdung einer geschlechtlich eindeutigen Dichotomie durch Johannas Uneindeutigkeit wird daher im Drama aus der männlich konnotierten und horizontal fortschreitenden Ordnung sukzessive ausgegrenzt. Stattdessen wird die Figur der Johanna als metaphysisch überformte Weiblichkeit in den vertikalen Raum eingetragen. Denn Johannas fluides Geschlechtermodell sprengt machtvoll die herkömmlichen Kategorien: Sie ist die »männlich-weibliche Jungfrau-Kriegerin, Göttin-Teufelserscheinung, Muttergottes-Hure«[14] und damit bedrohlich genug, um final in ein Frauenbild gebannt zu werden, das patriarchale Strukturen ebenso bestätigt wie stabilisiert: die Heilige.[15] Ich werde im Folgenden nachzeichnen, wie dieser vertikale Code in Schillers Drama die göttlich auserwählte Jungfrau als Figur zwischen Macht und Ohnmacht über Höhe und Tiefe bestimmt.

## III. *Die Jungfrau von Orleans*

Das Drama *Die Jungfrau von Orleans* vollzieht die topologische Dramatisierung einer Zerreißprobe über Raum-Zeichen. Allerdings sind diese Zeichen in Schillers »romantischer Tragödie«[16] an einen unverfügbaren Zeichenstifter und einen metaphysischen Vertrag gebunden: Johanna empfängt »Zeichen«, die »der Himmel [ihr] verheißen« (V. 425) hat. Sie kann aber nicht nur göttliche Zeichen lesen, sondern wird darüber hinaus selbst zum Zeichen Gottes als »Gott-Gesendete Prophetin« (V. 989 f.). Über diese »göttliche Beglaubigung« kann sich kein »Zweifel irdischer Klugheit« (V. 1111 f.) erheben. Denn drei Dinge zeugen von ihrer göttlichen Sendung: Erstens hat sie übernatürliche »Wissenschaft« (V. 1011) von Dingen, die sie eigentlich nicht wissen kann (wie die Gebete des Dauphins) und die sie, das »Wundermädchen« (V. 1003), die Prüfungen durch den Hof in Szene I/10 bestehen lassen. Zweitens zeugen ihre unbegreiflich erfolgreichen Taten auf dem Schlachtfeld als heldenmütige und siegreiche Kämpferin von ihrem göttlichen Auftrag, den sie als Gottes Werkzeug, als »Götterarm« (V. 998), ausführt. Das dritte Argument läuft über die Physiognomie, denn die »reine Unschuld ihres Angesichts« (V. 116) beweist eindrücklich, »daß sie Wahrheit spricht« (V. 1113). Dies transzendente, hier zusätzlich physiognomisch abgesicherte Referenzverhältnis zwischen Sendung und Gesandter bleibt im Drama relativ stabil. Johanna zweifelt nicht an der Göttlichkeit dieser Referenz. In ›guten wie in schlechten Zeiten‹ bleibt diese Referenzialität, die eben auch eine Selbst-Referenzialität ist,[17] relativ stabil und zwar, weil die psychologischen und libidinösen Aspekte von Anfang an vertraglich geregelt werden: »Nicht Männerliebe darf dein Herz berühren / Mit sündgen Flammen eitler Erdenlust« (V. 411 f.).

Da dieses Vertragsverhältnis (mit Gott und mit sich selbst) von Johanna unbedingt affirmiert wird, führt das Drama, so meine These, nun ein weiteres Zeichenfeld ein: Eine Beobachtungsebene zweiter Ordnung, d.h. außer- und oberhalb der Figurenrede, kommentiert dezent und oft in den Nebentexten, zum einen Johannas idiosynkratisch verkapselte Transzendenz, zum anderen werden aber auch die immanenten, also beispielsweise die machtpolitischen Verhältnisse auf dieser Ebene ausgestellt: Diesen Kommentar erlauben und erzeugen die räumlichen Zeichen. In einer Art topologischer Semiosis werden die Figuren (sowie ihr Handeln und ihre Bewegungen) in den räumlichen Koordinaten der Vertikale und Horizontale positioniert, wobei beide Raumdimensionen mit bestimmten Konnotationen und Implikationen besetzt werden. Einer solch topologischen Dramaturgie folgt beispielsweise die Situierung der Heroine in Außen- und Innenräumen. Claudia Benthien hat in *Tribunal der Blicke* über diese Raumlogik die Differenz von Schuld und Scham gefasst: So wird Johannas Selbst-Sanktionierung (als innere Instanz von Schuld bzw. Gewissen) in das *Innere* der Kathedrale zu Reims gelegt, während die Szene ihrer kollektiven Beschämung (externe Instanz) öffentlich und unter freiem Himmel *vor* der Kathedrale inszeniert ist.[18] Topologische Anordnungen spiegeln, kommentieren und konstituieren also sowohl innere, psychologische Vorgänge als auch äußere, politisch motivierte Demonstrationen von Macht.

## III.1 Machtspielräume

Wenn im 18. Jahrhundert die »Vertikalität« der Barockbühne durch einen »empirisch, geographisch präzisierten Raum« ersetzt wird, »der in der Horizontale angesiedelt ist«,[19] wie Franziska Schößler ausführt, dann muss man für Schillers Drama mindestens eine Ausnahme konstatieren: Denn hier wird diese moderne irdische Horizontale erneut von einer eigentlich barocken, nicht-irdischen Raumebene der theatralen Vertikale gekreuzt.[20] Dieser topologische Vektor, der sich als Vertikale von unten nach oben bzw. von oben nach unten richtet, wird auf Schillers Bühne zu einem theatralen Vektor zwischen Erde und Himmel, aber auch zwischen Erde und (heidnisch oder höllisch konnotiertem) Untergrund. Diese Vertikale wird, das legt der Text nahe, vor allem Johanna zugeschrieben, denn darüber spannt sich ihr Wahrnehmungs- und Handlungsraum auf: Johanna bewegt sich anfänglich aus der aufragenden Höhe der Berge hinab in die geschichtliche Horizontale des Schlachtfeldes, um am Ende in ihrer Himmelfahrt wieder in das metaphysisch Imaginäre der (hier christlich konnotierten) Vertikale einzugehen.

Über die Raumkoordinaten von Vertikale und Horizontale macht das Drama so semantische Konstellationen beobachtbar: Zwischen Vertikale und Horizontale spannen sich die inhaltlichen Konflikte zwischen Metaphysik und Geschichte, zwischen Symbol und Tat, zwischen Imaginärem und Realem. Zentral für eine geschlechterpolitische Analyse der Raum-Zeichen und für den Vorschlag, das Drama über eine ihm eingeschriebene, topologisch grundierte Deutungshoheit (zumindest aber Kommentierung) zu lesen, scheinen mir drei Szenen zu sein, die ein Oben und ein Unten sowie die Bewegungen auf dieser vertikalen Achse visuell wie akustisch etablieren: Zunächst wird Johanna im Prolog, ohne dass sie auch nur ein Wort spricht, von Vater und Verlobtem in dieser Spannung von Oben und Unten vorgestellt und situiert. Zum zweiten markiert die Konfrontation Johannas mit dem Schwarzen Ritter sowie der durch die anschließende Begegnung mit Lionel eingeleitete Abfall von ihrer Sendung einen wichtigen, im Folgenden eingehend zu diskutierenden Punkt, ebenso wie drittens das Finale, das vom pluridimensional bewegten Furor auf dem Schlachtfeld in die vertikal dimensionierte Himmelfahrt führt. Bemerkenswert ist hier, dass die letztgenannten Szenen erfindungsreiche Varianten Schillers sind und der historischen Überlieferung geradezu entgegenstehen.[21] Es sind dies auch diejenigen Szenen, in denen das Stück über romantische Motive wie die Ritter-Erscheinung und die marienhafte Himmelfahrt-Vision zum psychologischen Drama wird.[22]

## III.2 Fall-Höhen

Einsetzen möchte ich mit den Raum-Zeichen, die der Prolog präsentiert: Hier wird Johanna über eine ihr zugewiesene topologische Spannung von oben und unten eingeführt. Die Vertikale dominiert die Körperlichkeit der Figur und semantisiert Johannas Tun als göttliche Sendung oder Sündenfall.[23] Mit Lotman gelesen zeigt sich also bereits zu Beginn des Dramas eine Überblendung von topographischen und semantischen Relationen. Die Einordnung Johannas in ein Oben bzw. Unten, in ein Himmlisches bzw. Heidnisches, geschieht wohlgemerkt, ohne dass sie selbst zunächst zu Wort kommt: Es wird hingegen über sie gesprochen. Und zwar tun dies zwei Männer, die mit rechtlicher Verfügungsgewalt über Johanna ausgestattet sind oder dies perspektivisch sein werden – ihr Vater Thibaut und der Verlobte Raimond. Raimond sieht ›seine‹ Johanna im Prolog aus der Untersicht, aus einer Art verehrender Froschperspektive:

> Oft seh ich ihr aus tiefem Tal mit stillem
> Erstaunen zu, wenn sie auf hoher Trift
> In Mitte ihrer Herde ragend steht,
> Mit edelm Leibe, und den ernsten Blick
> Herabsenkt auf der Erde kleiner Länder.
> (V. 73–77)

Diese doppelte, vertikal ausgerichtete Blickinszenierung von unten nach oben (Raimond) und von oben nach unten (Johanna) – er sieht zu ihr auf, während sie ihren Blick auf die »kleinen Länder« herabsenkt – erzeugt topologisch eine aufragende, erhabene Johanna, die semantisch ihre Sakralisierung vorwegnimmt: »Da scheint sie mir was Höhres zu bedeuten« (V. 78) – ein Höheres, das jedoch sein Abwärts antizipiert: »Und von der freien Heide fürchtet sie / Herabzusteigen in das niedre Dach / Der Menschen, wo die engen Sorgen wohnen« (V. 70-72). Die »Opposition von oben und unten, Berg und Tal, Göttlichkeit und Menschlichkeit« transportiert dabei »bereits die Ankündigung ihrer Überschreitung: Johanna wird absteigen«[24] – zunächst einmal herab von den Bergen in die Niederungen des Schlachtfeldes von Orleans. Doch gerade Orleans selbst ist in die Dichotomie der Räume eingebunden, liegt es doch an den mythisch-letal konnotierten »stygsche[n] Wassern der Loire« (V. 816). Im Bild des Styx wird Orleans zum entscheidenden Grenzort zwischen Leben und Tod: Als Scheitelpunkt zwischen Lebenswelt und Totenreich wird Orleans dank Johanna für Frankreich zum Ort des Lebens, sie selbst aber wird ihren Styx an der Loire als letzte sujetkonstitutive Grenze überschreiten.[25]

Auch das Bühnenbild folgt von Beginn an einer topologischen Logik der Polarität: Neben die christologische Erhöhung Johannas, die sich im Bühnenbild rechts durch die Kapelle symbolisiert findet, tritt im Prolog zugleich ihre Verortung im Heidnischen: Dies zeigt sich durch die Eiche links auf der Bühne. Kapelle wie Eiche sind beides Informationen, die den Dramentext eröffnen und als semantisierte Verortungen im Nebentext das Drama zu präfigurieren scheinen.[26] Ebendies missfällt Johannas Vater: So meint Thibaut, dass Johanna, statt allein das Marienbild in der

Kapelle zu ehren, mit dem »graulich düstre[n] Geisterreich / Der Nacht« (V. 87 f.) im Bunde sei, das als Bedrohung »unter dünner Decke, / Und leise hörend« nur darauf wartet, herauf zu »stürmen« (V. 153 f.). Seine idiosynkratischen Vorahnungen interpretiert der nicht zuletzt als Melancholiker markierte[27] Thibaut umstandslos als sündhaften Aufstiegswillen Johannas und prophezeit ihren »tiefen Fall!« (V. 123) Er unterstellt seiner Tochter eben jenen »Hochmut, wodurch die Engel fielen« und »woran der Höllengeist den Menschen fasst« (V. 131 f.). So bewegt sich Johanna bereits in der Exposition räumlich auf den Extremen der Vertikale, nämlich zwischen göttlichem Auserwähltsein und teuflisch-hochmütig konnotiertem Sündenfall. Über diese Bewegungsachse wird die Fall-Höhe der Figur Johanna buchstäblich produziert.

Auch im weiteren Verlauf wird Johanna nicht so sehr über ihre (zunächst) erfolgreiche Vorwärtsbewegung in der Schlacht, sondern immer wieder als emporragende Vertikalgestalt inszeniert: Sie ist »die Hohe« (V. 959) mit weithin sichtbarer »hohe[r] Fahn« (V. 968), die sich trotz sozialen Aufstiegs[28] auch moralisch erhaben zeigt: »Sie strebt nicht schwindelnd irdscher Hoheit nach« (V. 2170), sondern ist »Kriegerin des höchsten Gottes« (V. 2203). Dunois und La Hire beispielsweise, die beide um Johannas Hand anhalten, verherrlichen sie in Superlativen als »Höchste«, »Größte«, gar als »Engelsmajestät« und »Götterkind« – Letzteres weiß Dunois gegen seinen Konkurrenten La Hire und dessen taktisches Argument der Standesschranke einzuwenden:

> Sie ist das Götterkind der heiligen
> Natur, wie ich, und ist mir ebenbürtig.
> Sie sollte eines Fürsten Hand entehren,
> Die eine Braut der reinen Engel ist,

Die sich das Haupt mit einem Götterschein
Umgibt, der heller strahlt als irdsche Kronen,
Die jedes Größte, Höchste dieser Erden
Klein unter ihren Füßen liegen sieht;
Denn alle Fürstenthronen aufeinander
Gestellt, bis zu den Sternen fortgebaut,
Erreichten nicht die Höhe, wo sie steht,
In ihrer Engelsmajestät!
(V. 1844–1855)

Über diese Superlative der überhöhenden Zuschreibungen wird also auch Johannas soziale und eben nicht nur ihre moralische Fallhöhe konstituiert.

Auch Johannas eigene Urteile bewegen sich auf der Zuschreibungsachse von oben und unten: Wenn sie beispielsweise Karl verheißt, dass er den »stolzen Überwinder niederschlagen« (V. 421), Orleans erobern und in Reims gekrönt werden wird, führt sie dies auf die gottesfürchtige Demut des zuvor bereits von den Seinen geringschätzig als »weichlichen« (V. 840), wenig »männlich« (V. 774) und »unkriegerisch« (V. 857) markierten Dauphin mit der »sanften Seele« (V. 790) und vermeintlichem Hang zum »Kleinmut« (V. 855) zurück: »Der Hohen Demut leuchtet hell dort oben, / Du beugtest dich, drum hat er dich erhoben.« (V. 1120 f.) Gerade in ihrer Bescheidenheit, Gottesfürchtigkeit und Demut sind die Figuren des französischen Königs und der bäuerlichen Hirtin über ihre topologische Ausrichtung an der Achse von irdischem Unten und göttlichem Oben analogisiert, nicht etwa über ein Interesse an »Macht« (V. 854) und »Weltruhm« (V. 2995), wie es die Fürsten von ihrem König legitimerweise fordern und wie Thibaut es seiner vermeintlich hochmütigen Tochter als Hybris unterstellt. Der Text organisiert so den Bezug beider Figuren, König und Jungfrau, zu Beginn des Dramas nicht zuletzt über das Wortfeld des potentiell beide bedrohenden »tiefen Fall[s]« (V. 123; 898).

Solche Zuschreibungen des Hohen und des Majestätischen rücken die Figur Johanna ästhetisch immer wieder in die Nähe des Erhabenen: Sie, das »Wunder« (V. 1000), übersteigt das Fassungsvermögen der sie Umgebenden, ihr unbarmherziges Kämpfen, ihr ungebrochener Siegeszug, das Hohe, das Tiefe, das Unbegreifliche einer überwältigenden Naturgewalt bezeichnen diese Figur. Sie ist: »Wie eine Kriegesgöttin schön zugleich / Und schrecklich anzusehn« (V. 956 f.), wenn sie »aus der Tiefe« des Waldes »plötzlich« (V. 954) auf das Schlachtfeld tritt, das sie als »die Hohe« (V. 959) und »die Mächtige« mit »kühnem Anstand« (V. 966) beherrscht. Sie ist das leibhaftige *fascinosum et tremendum*: »Ein Schlachten wars, nicht eine Schlacht zu nennen!« (V. 981) Doch zugleich ist sie das »heilige Mädchen« (V. 2018), wodurch das erschreckend Maßlose der Figur eingehegt wird und die Bewältigung des Überwältigenden als Charakteristikum des Erhabenen einsetzen kann.[29] Erleichtert stellt daher Burgund fest: »Wie schrecklich war die Jungfrau in der Schlacht, / Und wie umstrahlt mit Anmut sie der Friede!« (V. 2028 f.) Diese weiblich konnotierte Anmut, die nach Schiller ästhetiktheoretisch dem Schönen zugehörig ist,[30] macht sie aber auch zum Gegenstand eines männlichen Begehrens. Dies Begehren droht sie nun wiederum, so Johannas Einschätzung, »in den gemeinen Staub« (V. 2250) hinabzuziehen: Denn nun wollen die Franzosen sie dringend verheiraten (vgl. V. 2205–2213), während die Engländer sie schänden wollen (vgl. V. 1488–1491). Über dies einmal ins Feld gesetzte, sexualisierte Begehren kündigt sich gleichwohl auch umgekehrt Johannas eigenes Begehren an, das sie die göttliche Sendung verraten lassen wird.

Der Text knüpft dabei das Begehren an lapsarische Bewegungen, die Johannas Haltungs- als Positionsverlust evident machen: Die tragische Wende nach dem *coup de foudre* in der Begegnung mit Lionel lässt sie »*unbeweglich*« (nach V. 2465) erstarren, dann »*schwindel*[n]«, darnieder »*sinken*« (nach V. 2465) und »*ohnmächtig*« (nach V. 2517) werden. Sie kann nur noch »*mit gesenktem Haupt und ungewissen Schritten*« (Szenenanweisung eingangs von Szene IV/6) zur Krönung in der Kathedrale von Reims gehen, »*stürzt aus der Kirche heraus, ohne ihre Fahne*« (nach V. 2845)[31] und wird, ihrer Machtinsignien entblößt, von den Engländern gefangen genommen. Erst das Finale kehrt diese Darstellung der Abwärtsbewegungen erneut in ein Aufwärts um, denn Johanna zerreißt hier die »zentnerschweren Bande« (V. 3480), »schwingt« sich »frei aus ihrem Kerker« empor (V. 3414), »*springt auf*« (nach V. 3478) und in die Schlacht, nach der sie, obwohl tödlich getroffen, noch einmal »sich empor« richtet (V. 3519), und geht in einer vertikal ausgerichteten Klimax »Hinauf – hinauf« (V. 3543) in einen bilderreich imaginierten Himmel ein.

## III.3 Un-Tiefen

Zunächst aber wird die Johannas Selbstgefühl zerrüttende Phase der »Begier« (V. 2410) in den ineinander übergehenden, letzten beiden Szenen des dritten Akts (III/9 und III/10) konkret: Sie markieren buchstäblich die Peripetie als topologischen Umschlag vom erhabenen Siegeszug Johannas zur ohnmächtigen Abwärtsspirale. Bühnenräumlich sichtbar und dramatisch eindrücklich wird dies in der viel diskutierten Szene mit dem Schwarzen Ritter: Denn in einer »*andre*[n] *öde*[n] *Gegend des Schlachtfelds*« (nach V. 2401), also verschoben in die topologische Peripherie des dramatischen Schauplatzes, prophezeit der geheimnisvolle

Schwarze Ritter Johanna das Ende ihres Kriegsglücks und drängt sie zur Umkehr. Doch Johanna widersetzt sich seiner zweifachen »Warnung« (V. 2431; 2439):

JOHANNA.
    Verhaßt in tiefer Seele bist du mir,
    Gleich wie die Nacht, die deine Farbe ist.
    Dich weg zu tilgen von dem Licht des Tags
    Treibt mich die unbezwingliche Begier.
    [...]
    *(Sie will einen Streich auf ihn führen)*
SCHWARZER RITTER *(berührt sie mit der Hand, sie bleibt unbeweglich stehen).*
    Töte, was sterblich ist!
    *(Nacht, Blitz und Donnerschlag. Der Ritter versinkt)*
JOHANNA *(steht anfangs erstaunt, faßt sich aber bald wieder).*
    Es war nichts Lebendes. – Ein trüglich Bild
    Der Hölle wars, ein widerspenstger Geist,
    Herauf gestiegen aus dem Feuerpfuhl,
    Mein edles Herz im Busen zu erschüttern.
    (V. 2410–13; 2444–49)

An eben dieser Szene verschränkt sich, mit plötzlicher Nacht, Donner und Blitz wirksam inszeniert, der Deutungsraum mit dem bühnenmechanischen (Bodenklappen) und einem figural-psychologischen Tiefenraum: Erstmals treibt hier Johanna eine »unbezwingliche Begier«, die über die Figur des Schwarzen Ritters unmittelbar mit der topologischen (wie semantischen) Un-Tiefe verknüpft ist. Nun ist diese Figur in der Logik der Vertikale verschiedentlich als teuflische Macht oder göttliche Vorsehung interpretiert worden,[32] jedoch scheint mir diese Tiefe nicht unbedingt fundamental diabolisch oder göttlich konnotiert, sondern eher im Wortsinn ›meta-physisch‹ zu sein. Die Figur spiegelt vielmehr eine transzendierende Tiefe des Innern: Die Szene öffnet einen Seelenraum.[33] Johanna selbst ermöglicht diese Lesart des Tiefenraums als Seelenraum, indem sie selbst die Erscheinung als Vision, als »trügerisches Bild« interpretiert. Dies Bild erscheint ausschließlich ihr und dies, so ihre Überzeugung, um ihr Inneres zu erschüttern: Obwohl der Text also tatsächlich zeigt, wie der Ritter im (Bühnen-)Boden – also in einem Unten, in einem im Prolog annoncierten »*Geisterreich*« (V. 87) – »versinkt, suggeriert [der Text] zugleich, dass dies nicht geschehen sei«[34] – zumindest nicht innerhalb eines geteilten, realempirisch erfahrbaren Raums. Der Schwarze Ritter ist in dieser Weise unmittelbar an die Wahrnehmung der Figur Johanna und damit genuin an ihre Raumlogik der Vertikale gebunden, die eben nicht nur das himmlische Oben, sondern auch das psychische Innen als Tiefe umspannt. Hier öffnen sich der theatrale wie der dramatische Raum für die Vertikale: einmal als ganz sichtbarer Tiefenraum der Bühnenpraxis, der mit Bodenklappen Effekte erzielen kann: »*Der Ritter versinkt.*« Und zum anderen gleichzeitig als psychischer, d.i. meta-physischer Tiefenraum, der die Bühnenrealität zur »romantischen Tragödie« hin transzendiert.

Unmittelbar nach der Szene mit dem Schwarzen Ritter, wenn sie in Szene III/10 das »*Schwert*« gegen Lionel zwar »*zückt*« (nach V. 2464), es aber ergriffen von seinem »*Anblick*« (nach V. 2465)[35] »*schnell wieder sinken*« (nach V. 2479) lassen muss, zeigt sich auch bei Johanna »die Stelle, wo [sie] sterblich« (NA 6, 989) und nicht mehr die marienhafte, »reine Jungfrau« (V. 1087) ist. Das Begehren macht sie handlungsunfähig: »Was zauderst du und hemmst den Todesstreich?« (V. 2466). Im »*Augenblick*« (nach V. 2465) der Begegnung mit Lionel, in dem Johanna von ihrem fatalen Begehren erfasst wird, erliegt sie selbst nicht nur physio-, sondern auch raumlogisch dem sie erschütternden *coup de foudre*: »Was ist der Jungfrau? Sie erbleicht, sie sinkt! / (*Johanna schwindelt und will sinken*) [...] (*Sie liegt ohnmächtig in La Hires Armen)«* (V. 2513). Als taumelnder Schwindel zeigt sich der moralische und eben auch räumliche Positionsverlust: Johannas »irdsche Liebe« wird ihr zum Schwindel, zur Lüge, zum »Verbrechen« (V. 2577) an Glaube und Gott und damit zu ihrem ureigenen Sünden-Fall: Sie »sinkt« aus dem stabilen, aufrechten Stand hinab in die, sie vorerst kennzeichnende Position der Ohnmacht.

### III.4 Visuelle Figuration und akustische Wende

Die wechselnden Zustände zwischen Macht und Ohnmacht markieren zudem immer wieder bühnenraumdramatisch Johannas Affinität zu Tiefenräumen. Um topologisch Tiefenräume herzustellen, nutzt die Tragödie zum einen optisch-imaginative Darstellungsmittel, wenn beispielsweise im Botenbericht geschildert wird, wie die Jungfrau »aus der Tiefe des Gehölzes plötzlich« (V. 954) hervortritt und sich leuchtend als »ein Glanz« (V. 958) kontrastiv von dem dunklen, ungeformten Hintergrund des Waldes absetzt. Im auf der Darstellungsebene ja nur mittelbaren Botenbericht entsteht (auf einer von Publikum und Dramenpersonal imaginierten Szene) die Jungfrau als epiphane Figuration »aus dem Grund«[36] des Rückraums und wird über eine nur in Figurenrede evozierte Beleuchtungstechnik lichtplastisch inszeniert.

Zusätzlich zu solch visuellen Kontrastfolien aus Figuration und Defiguration, aus leuchtendem Vorder- und verdunkeltem Hintergrund bespielt das Drama zudem einen akustischen Tiefenraum. Erzeugt wird Raumplastizität so vielfach durch Stimmen oder Musik *»hinter der Szene«* (nach V. 1000; nach V. 2551; nach V. 3196 u.ö.). Besonders auffällig wird der Bezug zwischen einem akustischen Tiefenraum der Bühne und Johannas Gefühlsraum in der

Regieanweisung zu Beginn von Szene IV/1 hergestellt, d.h. nach der Begegnung mit Lionel und direkt vor den Krönungsfeierlichkeiten: »*Ein festlich geschmückter Saal, die Säulen sind mit Festons umwunden, hinter der Szene Flöten und Hoboen*« (Regieanweisung vor V. 2508). Der von Flöten und Oboen erzeugte Klangteppich bildet den atmosphärischen Hintergrund, vor dem sich Johannas innere, libidinös gefärbte Bewegung zeigen kann: »Mir ist das Herz verwandelt und gewendet«, denn »[i]ns britische Lager ist es hingewendet, / Hinüber zu dem Feinde schweift der Blick« (V. 2536–2539). Die emotionale Hinwendung zu Lionel und gleichzeitige Abwendung vom göttlichen Auftrag bzw. den französischen Zielen spiegelt sich auf der Wortebene des Monologs in semantischen Feldern der Verwandlung und Kehre, des Seitenwechsels und der Wende. Der fundamentale Richtungswechsel ist verknüpft mit für Johanna bis dahin untypisch »weichem Sehnen« und »Wehmuts-Tränen« (V. 2562 f.), die ebenso hervorgetrieben wie unterstrichen werden durch die im und als Hintergrund hörbare Musik: »*Die Musik hinter der Szene geht in weiche schmelzende Melodie über*« (nach V. 2550). War visuell das ungeformte Walddunkel die Kontrastfolie für die glänzende Epiphanie Johannas, bildet nun akustisch die schmelzende Flötenmusik den Klangspiegel zu Johannas »*stille*[r] *Wehmut*«, in die »*sie versinkt*« (nach V. 2581), angesichts ihrer inneren Kehrtwende. Auch metrisch wird ein Wechsel in Johannas Verse eingeführt, wenn sie in (assoziativ mit dem Herabfallen verbundenen)[37] Trochäen klagt:

> Wehe! Weh mir! Welche Töne!
> Wie verführen sie mein Ohr!
> Jeder ruft mir seine Stimme,
> Zaubert mir sein Bild hervor!
> (V. 2551–2554)

Die metrisch-klangliche Fallbewegung ihrer Rede, die auf die Musik »*hinter der Szene*« reagiert, spiegelt rhythmisch ihren inneren Abfall, den ein »Blick« (V. 2577) verursacht und sie so postlapsarisch in die »Schuld« (V. 2612) des irdischen Begehrens hat fallen lassen: »Doch auf Erden ist mein Hoffen, / Und im Himmel ist es nicht!« (V. 2592 f.) Die Abwärtsbewegungen in Raum (»*sie versinkt*«), Metrik (Trochäus) und Musik (»*schmelzende Melodie*«) konstellieren einen Tiefenraum, der im Sinnenfeld der (auch qua Nebentext zu imaginierenden) Bühne die Visualität um eine hochwirksame Akustizität erweitert. Dass diese Ebene von Klang, Rhythmus und Ton nicht allein die Figuren selbst, sondern in der Topologik des ganzen Theaterraums auch das Publikum affiziert, denkt Schiller theatertheoretisch immer schon mit: Seine Überlegungen in *Über das gegenwärtige teutsche Theater* (1782) formulieren bereits das Diktum, dass »der Weg des Ohrs der gangbarste und nächste zu unsern Herzen ist«.[38] Raumsemantik ist für Schiller dramenpraktisch wie dramentheoretisch konstitutiv für eine die Sinne umfassend adressierende Wirkungsästhetik.

### III.5 Himmlisch am Boden

Johanna hatte im seelischen Innenraum ihren göttlichen Auftrag zugunsten der »irdschen Liebe« verraten und fällt nun nicht nur vor sich selbst, sondern auch im politischen Außen durch missdeutete »Zeichen« (V. 3029) der Schuld (vgl. die göttlichen »*Donnerschläge*« (ebd. in Szene IV/11) beim König in Ungnade. Erst im Finale wird sie restituiert[39] und zu ihrer Sendung zurückfinden: Dies zeigt sich ebenfalls in einer augenfällig inszenierten Theatralität der Vertikale. War es zuvor das Hinab im Fall gewesen, das als

Bewegung des Sinkens über Körper und Bühnentechnik realisiert wurde, ist es am Ende des Dramas die entgegengesetzte Richtung des »Hinauf« (V. 3543), ein Aufsteigen: Eine imaginäre Himmelfahrt steht hier der tatsächlichen Bewegung des Körpers entgegen, der auf der Bühne nach unten sinkt.

Johanna liegt zunächst tödlich verwundet in den Armen Karls und des Herzogs von Burgund, als sie plötzlich und buchstäblich wieder auf*steht*:

> BURGUND *(erstaunt).*
>                       Kehrt sie
> Uns aus dem Grab zurück? Zwingt sie den Tod?
> Sie richtet sich empor! Sie steht!
> JOHANNA *(steht ganz aufgerichtet und schaut umher).*
> Wo bin ich?
> [...]
> *([...] Sie steht ganz frei aufgerichtet, die Fahne in der Hand – Der Himmel ist von einem rosigten Schein beleuchtet)*
> JOHANNA.
> Seht ihr den Regenbogen in der Luft?
> Der Himmel öffnet seine goldnen Tore,
> Im Chor der Engel steht sie glänzend da,
> Sie hält den ewgen Sohn an ihrer Brust,
> Die Arme streckt sie lächelnd mir entgegen.
> Wie wird mir – Leichte Wolken heben mich –
> Der schwere Panzer wird zum Flügelkleide.
> Hinauf – hinauf – Die Erde flieht zurück –
> Kurz ist der Schmerz und ewig ist die Freude!
> *(Die Fahne entfällt ihr, sie sinkt tot darauf nieder – Alle stehen lange in sprachloser Rührung – Auf einen leisen Wink des Königs werden alle Fahnen sanft auf sie niedergelassen, daß sie ganz davon bedeckt wird.)*
> (V. 3516–3518; nach 3535–3544)

Johannas Bewegung diesem himmlischen Oben entgegen und ihre zunehmende Entfernung von einem irdischen Raum entsprechen jedoch nur einer von ihr gefühlten Bewegung, die sie sprachlich auf der Ebene der Figurenrede äußert. Doch ihrem »Hinauf – hinauf –« könnte die Bühnenrealität, die der Nebentext beschreibt, kaum deutlicher widersprechen: »*Die Fahne entfällt ihr, sie sinkt tot darauf nieder*«. Nicht allein Außenwahrnehmung (Franzosen, Theaterpublikum) und Selbstwahrnehmung (Johanna), sondern auch Raumkörper und Figurenrede stimmen hier nicht mehr überein: Die über Johannas Verse[40] evozierte Himmelfahrt wird konterkariert durch die paratextuelle Schwerkraft – figural gesagt wird das Eine, gezeigt wird etwas ganz Anderes.

Diese spaltende Bewegung, die Figurenkörper und Figurenbewusstsein trennt, visualisiert die Extreme der Vertikale: zugleich himmelhoch oben *und* unten, auf den Boden gesunken. Analog zur Szene mit dem Schwarzen Ritter zeigt sich hier eine Affinität Johannas zum Phantasmagorischen. Indem sie im romantisch-tragischen Finale imaginär in den Himmel *auf*fährt, *zugleich* aber *unter* Fahnen beerdigt versinkt, wird die Figur über die theatrale Dopplung von körperlicher Bühnenwirklichkeit und psychodynamisierter Figurenrede gewissermaßen zerlegt. Sie wird figurenlogisch dissoziiert und zerfällt so einerseits in die bühnenräumliche Repräsentation und andererseits in die, eben dieser Sichtbarkeit widersprechenden, Imagination der Figurenrede.

Angesichts des sichtbar dissoziierten Endes von Johanna wird nun auch die Position der Zuschauenden doppelt besetzt: Es sind einmal die bereits bildhaft arrangierten, vor Rührung sprachlosen Franzosen, die Johannas historischen Fall mit ihrer Heiligsprechung beantworten werden. Darüber hinaus sind aber zudem die sprachlosen Zuschauer:innen im Theater adressiert, die über die entgegengesetzten Richtungen von Figurenrede und körperlicher Repräsentation mit einer ambivalenten Geschlechterpolitik der Vertikale konfrontiert werden.[41] Zur Heiligen erkoren, wiederersteht Johanna innerhalb des Dramas lediglich im eigenen Seelenraum, während sie gleichzeitig zur historisch wirkmächtigen Allegorie stilisiert wird, die, bar jeder körperlichen Realität, stumm, aber sehr bilderreich den nachgeborenen Zuschauer:innen vom Ruhme Frankreichs kündet.[42]

## IV. Raum – Macht – Geschlecht: Weibliche Souveränität?

Der Körper der weiblichen Heldin sinkt nieder und Johanna liegt am Ende des Dramas auf dem Bühnenboden: In der Ebene der Horizontale, im Raum der geschichtlichen Gegenwart ist sie entmachtet. Erhoben wird sie gleichwohl allegorisch, zunächst über ihren wunderbaren Flug vom Turm hinab aufs Schlachtfeld und dann phantasmagorisch wieder hinauf in den Himmel und letztlich zur Nationalheiligen. Den Aufstieg und Fall der Heldin und ihres Körpers organisiert im Drama eine dramatische Vertikale: Zunächst als göttlich ausgezeichnet, verliert Johanna über lapsarische Dynamiken ihre souveräne Position im Bühnenraum, wird aber final zur Nationalheiligen erhoben und geradezu überhöht. Hier findet sich eine symptomatische Konfiguration von Weiblichkeit, in der die Frau aus dem Horizont der Geschichte buchstäblich herausfällt, um in der Vertikale als personifiziertes Reinheitssymbol oder als allegorisches Sinnbild zu fungieren. Dies erzeugt zugleich die körperpolitische Einhegung und Entsexualisierung der Frau, die von nun an eben auch nur noch Heilige sein darf.

Johannas »jungfräuliche Unbeschriebenheit«, so resümiert Albrecht Koschorke, »prädestiniert sie offenkundig dazu, Projektionsfläche für konkurrierende männliche Phantasmen zu sein.«[43] Trotz ihrer manifesten Wirkmächtigkeit wird Johanna in der Rede des übrigen Dramenpersonals als leerer Signifikant, als beliebig lesbar gehandelt – mal als »jungfräulicher Teufel« (V. 1480), mal als »heilig wie die Engel« (V. 3523) – und dadurch kontrolliert vereinnahmt. Als kämpfende Amazone gefährdet sie das männliche Selbstverständnis und als eingeschworene Jungfrau den Besitzkodex des Patriachats. Beide ›Miss-Stände‹ versuchen die (männlichen) Akteure über weite Strecken des Dramas zu beheben: die Engländer qua erniedrigender Überwältigungsphantasien (vgl. V. 1488–1491), die Franzosen qua adelnder Eheschließungspläne (vgl. V. 2205–2213). Im Vektor der Vertikalisierung von Erniedrigung und Erhebung korrespondieren so allerdings nur erneut Naturalisierung und Allegorisierung. Diese Strategien hegen Johannas anomale[44] Geschlechtlichkeit (letztlich erfolgreich) ein und stabilisieren über das in die Vertikale gebannte Bild der Heiligen zudem die eigene national-geschichtspolitische Horizontale.

Gleichwohl bewegt sich die *Figur* Johanna bisweilen ganz frei im Raum. Am eindrücklichsten vielleicht im finalen Kampfgeschehen, das sich »überschlägt« (V. 3457), nachdem sie zum »*starren Erstaunen*« der Engländer ihre »*schweren Ketten*«, mit denen sie »*um den Leib und um die Arme gefesselt*« (nach V. 3395) war, »*mit beiden Händen kraftvoll gefaßt und zerrissen*« (nach V. 3478) hat und sie sich geradezu schwerelos und unbegreiflich schnell hinab in den Kampf begibt. Sie fliegt und rast über das Schlachtfeld: »Ihr Lauf ist schneller / als mein Gesicht – Jetzt ist sie hier – jetzt dort – / ich sehe sie zugleich an vielen Orten!« (V. 3486 f.) Gleichzeitig und überall, syn-chron und syn-top, agiert Johanna: Als Figur krümmt sie hier die herrschende Raum-Zeit. Sie gefährdet damit nicht mehr nur die Geschlechterordnung, sondern zudem die Gesetze der Wahrnehmung (»schneller als mein Gesicht«) sowie die physikalische Ordnung von Materie (zentnerschwere »Ketten zerrissen«), Raum (»an vielen Orten«) und Zeit (»zugleich«). Bevor in der allerletzten Szene V/14 die Kategorie des Erhabenen (»in sprachloser Rührung«) greifen und die entstandene Raum-Unordnung wieder glätten kann, transgrediert Johanna, übermächtig wie eine »Zauberin« oder »die Engel« (V. 3522 f.), die topologischen wie temporalen Grenzen:

> Isabeau *(nach einer langen Pause).*
>     Was war das? Träumte mir? Wo kam sie hin?
>     Wie brach sie diese zentnerschweren Bande?
>     Nicht glauben würd ichs einer ganzen Welt,
>     Hätt ichs nicht selbst gesehn mit meinen Augen.
> Soldat *(auf der Warte).*
>     Wie? Hat sie Flügel? Hat der Sturmwind sie
>     Hinabgeführt?
> Isabeau.
>                 Sprich, ist sie unten?
> Soldat.
>                          Mitten
>     Im Kampfe schreitet sie –
> (V. 3479–3485)

Unerklärlich, überirdisch und unwirklich agiert Johanna hier, indem sie die Gesetze der Schwerkraft wie die von Raum und Zeit noch ein letztes Mal wirkmächtig außer Kraft setzt. Die hilflosen Erklärungsversuche schlagen dabei um in übermenschliche Analogien, die sie zwischen Naturgewalt (»Sturmwind«), Fabelwesen (»Hat sie Flügel?«) und Irrealität (»Träumte mir?«) verorten, den Vorgang aber zugleich an die Garantie einer geteilten Wirklichkeit qua Augenzeugenschaft rückzubinden suchen: »Hätt ichs nicht selbst gesehn mit meinen Augen.« Der Text markiert hier das ganz und gar Unerklärliche als tatsächlich und nicht zu leugnendes Geschehen, das man normalerweise »einer ganzen Welt«, die dies (literarisch) kolportiert, »nicht glauben« würde. Die »romantische Tragödie« aber nutzt dramatische Darstellungsverfahren (Figurenrede, Teichoskopie, Nebentext), um das Wunderbare über die (bühnen-)realiter unmöglichen Überschreitungen von Kraft-, Zeit- und Raumgesetzen evident werden und Johanna in einer Klimax der Supradynamik auftreten zu lassen: Hier ist es Johannas begeisterter »Geist, der sich den Körper baut« (NA 8, 1813). Die Hypervektorialität von Johannas Bewegungen wird damit in der Darstellung noch einmal auf die Spitze ge- und zielsicher übertrieben, um sinnfällig in einem, diese topologische Hybris der Über-Drehung endgültig einhegenden Schlussbild die Figur in die Vertikale einzuspannen, in der sie topologisch ambivalent (Selbstwahrnehmung: nach oben; Fremdwahrnehmung: nach unten), raumsemantisch jedoch vereindeutigt, d.i. zur Heiligen stilisiert und so stillgestellt wird.

Virulent wird in der Kombinatorik von topologischer Haltung im Bühnenraum und der Kategorie ›Geschlecht‹, dass die Horizontale als Selbstbestimmtheit konstituiert ist. Umgekehrt verweisen die vektorial nach unten und oben gerichteten Bewegungen in der Vertikale auf Fremdbestimmtheit. Die weibliche Figur Johanna gerät, ausgerechnet direkt nach einer Raum und Zeit außer Kraft setzenden Hyperdynamik, im Finale des Dramas in die vertikale Abwärtsbewegung, deren eigentlich mögliche, vertikal ausgerichtete ›Aufrechtigkeit‹ hier aber unterminiert wird, weil gleichzeitig der Körper in die entmächtigte Position der Fallenden und Sterbenden umsinkt.[45] Indem nun Schiller aber eine topologische Metatektonik etabliert, können allererst die raumsemantischen Koordinaten des Dramas gewissermaßen als dargestellter Kommentar sichtbar werden. Über ihren geschlechtertopologischen Code evoziert Schillers »romantische Tragödie« so durchaus lustvoll Brüche in der von ihr bespielten Raum-Zeit.

## Anmerkungen

1 Jurij Lotman: Künstlerischer Raum, Sujet und Figur. In: Jörg Dünne, Stephan Günzel (Hrsg.): Raumtheorie. Frankfurt am Main 2006, S. 529–545, hier S. 530.
2 Ebd., S. 530 f.: »Die allgemeinsten sozialen, religiösen, politischen und moralischen Modelle der Welt, mit Hilfe derer der Menschen in den verschiedenen Etappen seiner Geistesgeschichte das ihn umgebende Leben begreift, sind stets mit räumlichen Charakteristika versehen, etwa in der Art der Gegenüberstellung ›Himmel – Erde‹ oder ›Erde – unterirdisches Reich‹ (eine vertikale dreigliedrige Struktur, organisiert auf der Achse Oben – Unten) [...]. All dies wird zu Modellen der Welt zusammengefügt, die mit eindeutig räumlichen Merkmalen versehen sind.«
3 Ebd., S. 531.
4 Diese einleuchtende Zeitdiagnose stellt Böschenstein: »In der vertikalen Dimension scheinen diese Gestalten gewaltsam die Norm zwischenmenschlich geordneter Gemeinschaft zur Gottesmacht hin zu überschreiten. In der horizontalen Dimension der Geschichte sieht es so aus, als ob sie an der Schwelle zweier sich entgegensetzender Zeitalter stünden, eines dem ancien régime gemäßen und eines von der Revolution umgestalteten.« (Bernhard Böschenstein: Der »Gott der Erde«. Kleist im Kontext klassischer Dramen: Goethe, Schiller, Hölderlin. In: Kleist-Jahrbuch (1991), S. 169–181, hier S. 179). Vgl. auch Wolfgang Riedel: Die anthropologische Wende: Schillers Modernität. In: Walter Hinderer (Hrsg.): Friedrich Schiller und der Weg in die Moderne. Würzburg 2006, S. 143–163.
5 Vgl. Ingrid Oesterle: »Es ist an der Zeit!« Zur kulturellen Konstruktionsveränderung von Zeit gegen 1800. In: Walter Hinderer, Alexander von Bormann, Gerhardt von Graevenitz (Hrsg.): Goethe und das Zeitalter der Romantik. Würzburg 2002, S. 91–121. Zu Thesen der Verzeitlichung von Gegenwart bei Schiller vgl. Johannes Lehmann: Die Zeit

der ›Gegenwart‹ bei Schiller. In: Helmut Hühn, Dirk Oschmann, Peter Schnyder (Hrsg.): Schillers Zeitbegriffe. Hannover 2018, S. 287–303.

6 Vgl. Claudia Honegger: Die Ordnung der Geschlechter. Die Wissenschaften vom Menschen und das Weib 1750–1850. Frankfurt am Main 1991.

7 Zeitgenössische Texte, die diese Thesen zur Naturalisierung geschlechtlicher Differenz affirmativ entfalten, sind beispielsweise Immanuel Kant: Von dem Unterschiede des Erhabenen und Schönen in dem Gegenverhältnis beider Geschlechter. In: Ders.: Werkausgabe. Bd. 2. Hrsg. von Wilhelm Weischedel. Frankfurt am Main, S. 858–868; ebenso Wilhelm von Humboldt: Über den Geschlechtsunterschied und dessen Einfluss auf die organische Natur. In: Ders.: Werke. Bd. 1: Schriften zur Anthropologie und Geschichte. Hrsg. von Andreas Flitner und Klaus Giel. Stuttgart 1960, S. 268–295.

8 Ein solches Argument generieren beispielsweise die »Auftrittsprotokolle«, die Juliane Vogel analysiert hat: Juliane Vogel: Aus dem Grund. Auftrittsprotokolle zwischen Racine und Nietzsche. München 2017. Zur raumsemantischen Figuration und Bewegung in Vertikale und Horizontale im Drama vgl. außerdem Juliane Vogel: Sinnliches Aufsteigen. Zur Vertikalität des Auftritts auf dem Theater. In: Annemarie Matzke, Jens Roselt (Hrsg.): Auftritte in Raum und Zeit. Bielefeld 2015, S. 105–119.

9 Diese Gedankenfigur schließt sich argumentativ an raumsemantische Überlegungen Lotmans an: Topologisch meint bei Lotman die von uns ausgehende Relation durch Propositionen wie hoch/niedrig, rechts/links, nah/fern, offen/geschlossen, innen/außen, zentral/peripher usf. Diese grundlegend topologischen Kriterien werden in der Literatur (bzw. in der Kunst generell) mit ursprünglich nicht topologischen, kulturspezifischen, semantischen Gegensatzpaaren verbunden, wie gut/böse, eigen/fremd, natürlich/künstlich, sterblich/unsterblich, hell/dunkel etc. In einem literarischen Text kann eine solche topologische Relation (beispielsweise oben) also über eine ursprünglich nicht topologische Relation (beispielsweise göttlich) semantisiert werden. Zur Raumsemantik, d.h. zum Zusammenhang von räumlicher Positionierung von Figuren oder Dingen und damit verbundenen Wertungen in der Literatur, vgl. Jurij M. Lotman: Die Struktur literarischer Texte. München 1993.

10 Solche innerhalb der (modernen) dramatischen Dichtung möglichen, opponierenden Phänomene von innerer und äußerer Wirklichkeit beschreibt bereits Georg Wilhelm Friedrich Hegel: Die dramatische Poesie. Vorlesungen über Ästhetik III. In: Ders.: Werke. Bd. 15. Hrsg. von Eva Moldenhauer und Karl Markus Michel. Frankfurt am Main

1970: »Die Handlung selbst endlich in der Totalität ihrer inneren und äußeren Wirklichkeit ist einer schlechthin entgegengesetzten Auffassung fähig« (S. 475).
11 Friedrich Schiller: *Don Karlos*. NA 6.
12 Im Folgenden wird die *Die Jungfrau von Orleans* im Haupttext ausschließlich unter Angabe der eingeklammerten Verszahlen nach NA 9 (1948) zitiert.
13 Dass diese Erkenntniskategorien funktional unauffällig bleiben und per se auf Differenz basieren, zeigt sich auch etymologisch: lat. *discernere*: trennen, unterscheiden.
14 Albrecht Koschorke: Schillers *Jungfrau von Orleans* und die Geschlechterpolitik der Französischen Revolution. In: Walter Hinderer (Hrsg.): Friedrich Schiller und der Weg in die Moderne. Würzburg 2006, S. 243–259, hier S. 249.
15 Dem Bild der Heiligen korrespondiert in diesem Verständnis von Weiblichkeit komplementär das der Hure, als die Johanna im Laufe des Dramas durchaus auch markiert wird. Zu den Mechanismen der (imaginierten) Erhöhung und Erniedrigung qua weiblichen Geschlechts vgl. Silvia Bovenschen: Imaginierte Weiblichkeit. Exemplarische Untersuchungen zu kulturgeschichtlichen und literarischen Präsentationsformen des Weiblichen. Frankfurt am Main 1979.
16 So Schillers Untertitel des Dramas. Zum strittigen Status des Stücks zwischen Tragödie und Trauerspiel vgl. Bernhard Greiner: Negative Ästhetik. Schillers Tragisierung der Kunst und Romantisierung der Tragödie (*Maria Stuart* und *Die Jungfrau von Orleans*). In: Heinz Ludwig Arnold (Hrsg.): Schiller Text + Kritik (2005), S. 53–70; zur dramatischen Selbstreflexivität und inhärenten Tragödientheorie des Stücks vgl. Marie-Christin Wilm: *Die Jungfrau von Orleans*, tragödientheoretisch gelesen. Schillers romantische Tragödie und ihre praktische Theorie. In: Jahrbuch der deutschen Schillergesellschaft 47 (2003), S. 141–170.
17 Bereits Guthke weist darauf hin, dass Johanna sich in jungfräulicher Hybris selbst mit der ihr erschienenen Heiligen gleichsetzt, ja diese ein »ins Göttliche überhöhtes Bild der Schäferin Johanna« selbst, also eine narzisstische Projektion sei, in der Johanna jenen »Größenwahn und Auserwähltheitskomplex« zeigt, »den Schiller seit den *Räubern* immer wieder an seinen scheinbar so idealistischen Helden diagnostiziert hat« (Karl S. Guthke: *Die Jungfrau von Orleans*. Sendung und Witwenmachen. In: Hans-Jörg Knobloch, Helmut Koopmann (Hrsg.): Schiller heute. Tübingen 1996, S. 115–130, hier S. 120).
18 Claudia Benthien: Tribunal der Blicke. Kulturtheorien von Scham und Schuld und die Tragödie um 1800, Köln/Weimar/Wien 2011, S. 105.

19 Franziska Schößler: Einführung in die Dramenanalyse. Stuttgart 2012, S. 171.
20 Die topologische Wirkung des Wunderbaren in der Bühnenordnung über Auf- und insbesondere Abtritte als Praxis des In-Erscheinung-Tretens oder Abtretens verfolgt instruktiv Lily Tonger-Erk: Aufwärts/Abwärts. Zur räumlichen Inszenierung wunderbarer Abgänge in Schillers *Die Jungfrau von Orleans*. In: Dies., Franziska Bergmann (Hrsg.): Ein starker Abgang. Inszenierungen des Abtretens in Drama und Theater. Würzburg 2016, S. 81–99.
21 Die historische Jeanne d'Arc wurde 1431 mit 19 Jahren auf dem Scheiterhaufen in Rouen als Ketzerin verbrannt.
22 Eine psychologische Lesart des Dramas verfolgt prominent bereits Guthke: Sendung und Witwenmachen (Anm. 17), S. 115–130; ebenso liest die Szene Peter-André Alt: Schiller. Leben – Werk – Zeit. 2 Bde. München 2000, Bd. 2, S. 522 f., sowie – das dynamische Verhältnis von Geschlechtlichkeit und Psychologie differenzierend – Anett Kollmann: Gepanzerte Empfindsamkeit. Helden in Frauengestalt um 1800. Heidelberg 2004, S. 103–111. Vgl. auch hierzu Benthien: Tribunal der Blicke (Anm. 18), S. 105–134.
23 Zur räumlichen, zwischen Christentum und Heidentum changierenden Ambivalenz des Prologs und des hier angelegten Kommentars zur Prädestination der gesamten Sendung vgl. Guthke: Sendung und Witwenmachen (Anm. 17), S. 120 f.; ebenso Peter-André Alt in SW 2, 1273, sowie die Lektüre von Tonger-Erk: Aufwärts/Abwärts (Anm. 20), S. 85–88.
24 Tonger-Erk: Aufwärts/Abwärts (Anm. 20), S. 86.
25 Lotmans Gedankenfigur der Grenze spielt eine zentrale Rolle für sein räumliches Modell, indem lediglich die Überschreitung einer Grenze den künstlerischen Text mit einer sujethaften Handlung versieht: »Der sujethaltige Text [...] hält das Verbot [die Grenze zu übertreten] zwar für alle Figuren aufrecht, führt jedoch eine oder eine Gruppe von Figuren ein, die sich davon befreien.« (Lotman: Künstlerischer Raum (Anm. 1), S. 539).
26 Vgl. SW 2, 1273.
27 Die melancholische Präfiguration des Vaters wird analeptisch gewissermaßen nachgeliefert, wenn seine Anlage in der zentralen Wiederbegegnung mit der Tochter vor der Kathedrale in Reims (Szene IV/9) pathologisch geworden zu sein scheint. Markiert wird dies durch ein im zeitgenössischen Melancholiediskurs einschlägiges Vokabular, das Thibaut als (religiösen) Melancholiker mit »ahndungsvolle[r] Seele« ausweist, wenn die Schwestern berichten: »Seitdem du weg bist – [...] / Ist der Vater schwermütig geworden.« Und Johanna wiederholt:

»Schwermütig!« (2887–2890) Da schwere Melancholie im 18. Jahrhundert zum psychopathologischen Feld des Wahnsinns gerechnet wird, kann kurz darauf Dunois den Vater auch einen »Rasenden« (V. 2999) nennen. Zum medizinischen und psychopathologischen Diskurs von Melancholie bzw. Wahnsinn im 18. Jahrhundert vgl. Philippe Pinel: Philosophische-Medicinische Abhandlung über Geistesverwirrung und Manie. Wien 1801. Eine definierende Differenzierung zwischen den Begriffen ›Melancholie‹ und ›Wahnsinn‹ wird ab den 1820er Jahren diskutiert. Vgl. dazu Jean-Etienne-Dominique Esquirol: Allgemeine und specielle Pathologie der Seelenstörungen. Leipzig 1827. Zur Medizingeschichte und Therapie der Melancholie ist weiterhin grundlegend Jean Starobinski: Geschichte der Melancholiebehandlung von den Anfängen bis 1900. Basel 1960. In überarbeiteter Übersetzung neu hrsg. und mit einem Vorwort versehen von Cornelia Wild. Berlin 2011.

28 Vgl. Tonger-Erk: Aufwärts/Abwärts (Anm. 20), S. 87 f.

29 Zum Erhabenen vgl. Immanuel Kant: Analytik des Erhabenen. In: Ders.: Kritik der Urteilskraft. Werkausgabe. Bd. 10. Hrsg. von Wilhelm Weischedel. Frankfurt am Main 1974, S. 164–207. Zur Gedankenfigur, dass das Erhabene (nach Kant) nicht nur selber überwältigt, sondern, um (subjekt-)ästhetisch theoretisiert werden zu können und dementsprechend zu wirken, immer schon vom Subjekt gedanklich überwältigt worden sein muss, es sich also bei Kants Theorie des Erhabenen gewissermaßen bereits um ein Überwältigen des Erhabenen als Überwältigung handelt, vgl. Wolfgang Denecke: Die Enden der Vernunft. Drei Exkurse zum Erhabenen. Wetzlar 2001, S. 27–75.

30 Friedrich Schiller: Über Anmut und Würde. FA/S 8, 330–394.

31 Auf dem dichten Raum von sechs Versen und kurzem Nebentext wird hier viermal das Verb »stürzen« genutzt, um den unaufhaltsamen Fall Johannas auch im Wortfeld abzubilden: Thibaut will seine Tochter »überraschen, will sie stürzen«; Raimond fleht: »Stürzt Euer eigen Kind nicht ins Verderben!«; doch: »Johanna stürzt aus der Kirche heraus, ohne ihre Fahne«, was der Vater affirmiert: »Sie kommt! Sie ists! Bleich stürzt sie aus der Kirche, / Es treibt die Angst sie aus dem Heiligtum. / Das ist das göttliche Gericht, das sich / An ihr verkündiget! –« (V. 2840–2849).

32 Vgl. die Zusammenstellung der Forschungspositionen zu dieser vieldeutigen Szene bei Alt, der die Erscheinung des Ritters seinerseits als »Sinnbild der aufsteigenden Skepsis, die Johanna angesichts ihrer Aufgabe befallen hat«, versteht (Alt: Schiller (Anm. 22), Bd. 2, S. 522); Wilm liest den schwarzen Ritter als »allegorische Verkörperung des Unglück« (Wilm: Schillers *Jungfrau von Orleans* (Anm. 16), S. 157)

und Zymner sieht in ihm »die Manifestation des Wunderbaren« (Rüdiger Zymner: Friedrich Schiller. Dramen. Berlin 2002, S. 127); deutlich psychodynamisch interpretiert Benthien den schwarzen Ritter als »Über-Ich-Instanz« und damit »Personifikation und Antizipation des Gewissens«, das zudem motivisch konsequent den Ritter akustisch mit dem Donner verknüpft, der bei Johannas Gewissensprüfung nach der Krönungszeremonie erneut effektvoll eingesetzt wird. Das in eben dieser Prüfungsszene Johannas Vater Thibaut »schwarz gekleidet« ist, setzt ihn in unmittelbare Relation zum schwarzen Ritter und erhöht die motivischen Korrespondenzen beider Szenen nochmals (Benthien: Tribunal der Blicke (Anm. 18), S. 118, 127).

33 Vgl. Tonger-Erk: Aufwärts/Abwärts (Anm. 20), S. 91.
34 Ebd.
35 Zur Rolle des Blicks und des Gesichts in der Begegnung von Johanna und Lionel als Aushandlungsort von Scham und Schuld vgl. Benthien: Tribunal der Blicke (Anm. 18), S. 114–118.
36 Zu dieser visuell-theatralen Dynamik von Auftritten als Figuration (und Defiguration) vgl. Vogel: Aus dem Grund (Anm. 8).
37 Der Trochäus wird aufgrund seines fallenden Rhythmus auch als »Faller« bezeichnet (Ivo Braak: Poetik in Stichworten. Stuttgart 2001, S. 82).
38 Friedrich Schiller: *Über das gegenwärtige teutsche Theater*. FA/S 8, 174.
39 Zur seelischen Kraft der »illusionistischen Selbstschöpfung« Johannas vgl. Kollmann: Gepanzerte Empfindsamkeit (Anm. 22), S. 116.
40 Dass diese letzten Verse Johannas nicht nur einen Bruch zwischen Bühnenraum-Realität und Figuren-Interiorität erzeugen, sondern sich auch metrisch als Ungereimtheit, als »Verunreinigung« im Versmaß zeigen, deutet als Distanznahme auf Ebene der Darstellung zur Ebene des Dargestellten luzide Daniel Cuonz: Reinschrift. Poetik der Jungfräulichkeit in der Goethezeit. München 2006, S. 141–169, hier S. 166.
41 Die allegorische Gestalt/-ung Johannas rekonstruiert Cuonz als die Unmöglichkeit, die Jungfrau zugleich zu *sein* und sie zu versinnbildlichen. Vgl. ebd., S. 141–169.
42 Johanna erscheint so ihrer, als Ikone der französischen Revolution, noch wirkmächtiger gewordenen Bildschwester Marianne vergleichbar, die ihrerseits nun (für Schiller und seine Zeitgenossen) am und seit Ende des 18. Jahrhunderts, »die Fahne in der Hand« (V. 3535), diese hoch über den Franzosen schwenken darf, vor allem auf Bildern. Die Wirkmächtigkeit der Marianne, das hat Koschorke eindrücklich gezeigt, gründet in ihrer synthetisierenden »Tragikvermeidung«, mit der sie Volk, Republik, Katholizismus, Ökonomie, Fruchtbarkeit und

Fortschritt eint und es ihr gelingt, allen gleich nah und doch immer fern – fern vor allem von allzu körperlicher Geschlechtlichkeit – zu bleiben (Koschorke: Schillers Jungfrau (Anm. 14), S. 259).
43 Ebd., S. 245.
44 Als »Mischwesen« irritieren die Anormalen die Distinktionslogik »des Menschlichen und des Animalischen«, von »Mann und Weib«, »Leben und Tod«, so Michel Foucault (Ders.: Die Anormalen. Vorlesungen am Collège de France (1974–1975). Frankfurt am Main 2001, S. 86).
45 Zur prothetischen Eigenschaft der Vertikalität und dem verunsichernden Wechsel von Fall und Aufrichten in Dramen der Moderne vgl. Vogel: Sinnliches Aufsteigen (Anm. 8), S. 116: »Denn so, wie aus dem Fallen ein prekärer Stand erreicht wird, erweisen sich auch Vertikalität und Dorsalität stets als transitorisch. Sie sind Zwischenzustände ohne Aussicht auf Dauer oder auch Impulse, die der Horizontalen rhythmisch entgegenwirken, um ihr zu erliegen, sie wieder zu überwinden und ihr wieder zu erliegen.«

Jochen Golz

# Von der Gründung des Weimarer Schillervereins

Dem Wunsch von Ariane Ludwig und Helmut Hühn, anlässlich des dreißigjährigen Gründungsjubiläums des Weimarer Schillervereins von dessen Anfängen zu berichten, bin ich zwar bereitwillig, doch nicht ohne leise Bedenken nachgekommen. Bei einer solchen Gelegenheit wird man konfrontiert mit der eigenen Vergangenheit, habe ich doch – an diesem Punkt ist meine Erinnerung lückenhaft – entweder vom Tag seiner Konstituierung an oder wenige Jahre später dem Vorstand des Zentralen Arbeitskreises Friedrich Schiller im Deutschen Kulturbund angehört, der am 4. Dezember 1970 gegründet worden war und aus dem 1991 der Weimarer Schillerverein hervorgegangen ist. Zugleich aber kann der Blick zurück, angereichert mit historischen Erfahrungen, die Wahrnehmung des Vergangenen *sine ira et studio* schärfen. Ein solcher Versuch sei im Folgenden unternommen.

Alle Geschichte hat ihre Vorgeschichte, diese Maxime dürfte all denen vertraut sein, die sich historischen Prozessen zuwenden. In unserem Falle soll sie auf die Entwicklung jener beiden literarischen Gesellschaften bezogen werden, die sich die Weimarer Dioskuren Goethe und Schiller zum Gegenstand ihrer Neigung gewählt haben. Wie stellte sich die Situation nach dem Zweiten Weltkrieg dar? Die Goethe-Gesellschaft, 1885 in Weimar gegründet und seither dort ansässig, wurde im Juni 1946 von der sowjetischen Militäradministration, die zunächst in der Zeit des Faschismus existierende Vereine verboten hatte, wieder zugelassen; sie besaß wieder eine Geschäftsstelle und einen Vorstand. Die Deutsche Schillergesellschaft ist 1946 erst aus dem 1895 gegründeten Schwäbischen Schillerverein hervorgegangen; ihre Gründung geschah auch unter der Maßgabe, dass ihr Zweck, so in der ersten Satzung dokumentiert, ein »gemeindeutscher« sei.[1] Während die Goethe-Gesellschaft seit 1917 über ein Netz von Ortsvereinigungen verfügte, die den Status von Vereinen eigenen Rechts besaßen, erlaubte die Satzung der Deutschen Schillergesellschaft zwar den Beitritt von Mitgliedern weltweit, nicht aber die Konstituierung von selbständigen Ortsvereinigungen; das sollte 1990 eine gewisse Rolle spielen.

Die Gründung zweier deutscher Staaten 1949 blieb nicht ohne Folgen für die Existenz literarischer Gesellschaften. Zwar konnte die Goethe-Gesellschaft ihre Tätigkeit von Weimar aus prinzipiell fortsetzen, ihr Jahrbuch herausbringen, ihre traditionellen Aufgaben wahrnehmen und 1954 auch wieder eine Hauptversammlung in Weimar durchführen, ihre Ortsvereinigungen hingegen konnten nur in der Bundesrepublik ihre Tätigkeit uneingeschränkt fortsetzen. Die DDR kannte kein eigenes Vereinsrecht; was sie generell fürchtete, war die spontane Organisierung von Gruppen, die sich staatlicher Kontrolle zu entziehen suchten. Das Walter Ulbricht zugeschriebene Diktum »Es muss alles demokratisch aussehen, aber wir müssen das Ganze fest in der Hand haben« gilt modifiziert auch für die Ortsvereinigungen der Goethe-Gesellschaft. Als Sammelbecken für kulturelle Aktivitäten unterschiedlichster Art war 1945 der Kulturbund zur demokratischen Erneuerung Deutschlands gegründet worden, der später als Deutscher Kulturbund, zuletzt als Kulturbund der DDR firmierte. All denen, die bislang in Ortsvereinigungen der Goethe-Gesellschaft mitgearbeitet hatten, wurde angeboten, diese Tätigkeit im Rahmen des Kulturbunds fortzusetzen; welchen Namen sich eine solche Gemeinschaft von Goethefreunden gab, war zweitrangig. Gelockt wurde mit mietfreien Räumen für Vorträge und der Bereitstellung von Honoraren, der Preis waren Überwachung und Kontrolle der Tätigkeit. Dass je nach örtlicher Situation gewisse Spielräume möglich waren, zuweilen auch unbotmäßige Autoren eingeladen werden konnten, sei zugestanden.[2] Willkommen war dieses Engagement für Goethe auch deshalb, weil die Pflege des ›klassischen Erbes‹ nicht zuletzt die DDR als den besseren deutschen Staat legitimieren sollte.

Noch in der sowjetischen Besatzungszone waren mehrere hundert Schillerfreunde auf dem Territorium der späteren DDR der Deutschen Schillergesellschaft beigetreten. Auch nach Gründung der DDR konnten sie Publikationen der Gesellschaft beziehen und bis zum Mauerbau 1961 an den Jahresversammlungen der Gesellschaft in Marbach teilnehmen. In Weimar besaß die Schillergesellschaft eine eigene Geschäftsstelle, die von Friedrich Stier[3] geleitet wurde. Stier, vor und nach 1933 als Ministerialrat in der Thüringer Landesregierung mit Aufgaben in Kultur und Wissenschaft befasst, 1945 pensioniert, gehörte von 1949 bis zu seinem Tod dem Ausschuss der Deutschen Schillergesellschaft an; als Vorsitzender des Verwaltungsausschusses der Schiller-Nationalausgabe erwarb er sich nach 1945 große Verdienste um die Fortführung dieser Edition. Als er 1966 starb, widmete ihm Bernhard Zeller, Direktor des Schiller-Nationalmuseums und des Deutschen Literaturarchivs Marbach und Geschäftsführer der Deutschen Schillergesellschaft, am 28. April einen Nachruf in der *Stuttgarter Zeitung*, in dem es u.a. hieß:

Daß die deutsche Schillergesellschaft bis heute eine gesamtdeutsche Gesellschaft ist und mehrere hundert mitteldeutsche Mitglieder zählt, ist allein seiner Initiative, seiner Umsicht und Tatkraft zu danken. Er hat nach dem zweiten Weltkrieg die Weimarer Geschäftsstelle aufgebaut, sich bis zuletzt selbstlos und unermüdlich für seine Mitglieder eingesetzt und damit ein Auseinanderbrechen der Gesellschaft verhindert.

Die letzte Aussage sollte sehr bald durch die historische Entwicklung korrigiert werden. Aufschlussreich ist ein Blick auf die Mitgliederstatistik der Schillergesellschaft, wie sie in der 1979 in Marbach veröffentlichten Chronik dokumentiert ist. Für das Jahr 1964 weist sie 398 Mitglieder in der DDR aus, für 1968 324. Es fällt auf, dass die Gesamtmitgliederzahl sich Ende 1968 auf 1636, ein Jahr darauf aber nur noch auf 1323 beläuft. Mittlerweile waren die Mitglieder in der DDR, nur so ist der Schwund zu erklären, um ihre Mitgliedschaft gebracht worden. Die Marbacher Chronik von 1979 gibt darüber keine Auskunft. Erst 1995 hat Bernhard Zeller im ersten Band seiner *Marbacher Memorabilien* zu den politischen Hintergründen Stellung genommen:

> Die Situation der Schillergesellschaft in der DDR wurde durch die Verschärfung der politischen Situation von Jahr zu Jahr schwieriger. Die Stimmung war gedrückt, zumal als die Partei 1961 Listen von allen in Weimar lebenden Mitgliedern anforderte und die freie Verfügung über das Vereinskonto entzogen wurde. Friedrich Stier, der Geschäftsführer, versuchte das Menschenmögliche, aber als der Versand der Publikationen, der zeitweise über die Staatsbibliothek Berlin erfolgte, durch Verbote fast ganz gedrosselt wurde, und Vorstöße bei den Regierungsstellen in Ostberlin erfolglos blieben, dann auch vielen Mitgliedern, die in amtlichen Stellen tätig waren, alle Westkontakte verboten wurden und selbst Stier für Reisen zu Ausschuß-Sitzungen keine Papiere erhielt, waren die möglichen Aktivitäten der Gesellschaft so gut wie ganz gelähmt. Ein offizielles Verbot erfolgte zwar nicht, und wir vermieden es, von einer Auflösung oder dem Erlöschen der Gesellschaft zu sprechen, sondern betrachteten die einzelnen Mitgliedschaften als ruhend. Aber die Existenz der Gesellschaft war so gut wie vernichtet.[4]

Nach Stiers Tod, so Zeller, wurden »die Akten der Gesellschaft zu Leiva Petersen« gebracht, der Eigentümerin des Verlages Hermann Böhlaus Nachfolger in Weimar.[5]

Als im Jahre 1967 die erste Große Koalition in der Bundesrepublik zustande kam, vertiefte sich die nach dem Mauerbau ohnehin zementierte deutsch-deutsche Spaltung. Für die DDR war es eine willkommene Gelegenheit, sich aus allen gesamtdeutschen kulturellen und wissenschaftlichen Organisationen zurückzuziehen oder, sofern ihr Sitz in der DDR lag, deren Spaltung zu betreiben. Die Goethe-Gesellschaft, in Weimar ansässig, konnte davor bewahrt werden, weil ihr Vizepräsident Helmut Holtzhauer, Generaldirektor der Nationalen Forschungs- und Gedenkstätten der klassischen deutschen Literatur in Weimar (NFG), eine internationale Gesellschaft als Instrument im ideologischen Klassenkampf, dies sein Hauptargument, durchzusetzen vermochte. Hingegen war es für die Kulturbürokratie der DDR sehr viel einfacher, die Tätigkeit der Deutschen Schillergesellschaft in der DDR auszulöschen, weil sich deren Sitz in Schillers Geburtsstadt Marbach am Neckar befand.

Bei der politischen Entscheidung für eine internationale Goethe-Gesellschaft spielte auch die Überlegung eine Rolle, in der deutsch-deutschen Öffentlichkeit möglichst nicht den Vorwurf auf sich zu ziehen, bewusst eine Spaltung herbeigeführt zu haben, wie es im Falle der Shakespeare-Gesellschaft tatsächlich geschehen war. Im Hinblick auf die Mitglieder der Deutschen Schillergesellschaft gab es solche Skrupel nicht. Die Funktionäre im Kulturbund verfielen auf eine äußerlich akzeptable Lösung, wie sie vordem in ähnlicher Weise bei den Ortsvereinigungen der Goethe-Gesellschaft praktiziert worden war. Am 4. Dezember 1970 gründete sich im Goethe- und Schiller-Archiv der Zentrale Arbeitskreis Friedrich Schiller im Deutschen Kulturbund.

Mit der Gründung verband sich ein öffentlicher Appell zur Mitgliedergewinnung, der aber die Mitglieder der Deutschen Schillergesellschaft in der DDR kaum erreicht haben wird; wenn man sie direkt hätte ansprechen wollen, hätte man ihre persönlichen Daten aus Marbach beziehen müssen. Da diese Mitglieder ohnehin in der DDR mit dem Odium reaktionärer Bürgerlichkeit behaftet waren – wie nicht wenige Mitglieder der Goethe-Gesellschaft auch –, wird kaum eines von ihnen dem Ruf des Kulturbundes gefolgt sein. Hingegen gab es zahlreiche jüngere Schiller-Freunde, die den Weg zum Zentralen Arbeitskreis fanden. Nach seiner Gründung lud dieser regelmäßig zu den Schillertagen im November nach Weimar und an andere Orte ein; damals wie heute umfassten sie wissenschaftliche Vorträge, Theateraufführungen und literarisch-musikalische Veranstaltungen; im Februar fanden (insgesamt neunmal) Weiterbildungen für Lehrer statt. Traditionelle Aufgaben literarischer Vereine wie die wissenschaftliche oder restauratorische Betreuung von Schiller-Gedenkstätten wurden überdies wahrgenommen.

Den Vorsitz übernahm Dr. Siegfried Seidel, seit 1966 Redaktor der Schiller-Nationalausgabe, seit 1978 gemeinsam mit dem Bonner Germanisten Norbert Oellers auch deren Herausgeber. Seidel, Jahrgang 1925, war Autodidakt, ein Kulturfunktionär der ersten Stunde, der Anfang der 1950er Jahre zum Sekretär der Kunstkommission avancierte, die das kulturelle Leben in der DDR steuerte und überwachte; ihr Vorsitzender war Helmut Holtzhauer, der Jahre seines Lebens im faschistischen Zuchthaus hatte zubringen müssen; ihrer orthodox-banausischen politischen Praxis wegen geriet die Kunstkommission bei prominenten Künstlern, vor allem bei Brecht, in Misskredit. Im Kulturministerium der DDR, das 1954 aus der Kunstkommission hervorging und in das Holtzhauer zunächst als Staatssekretär berufen werden sollte, dann aber nach Weimar abgeschoben wurde, leitete Seidel kurze Zeit die Hauptverwaltung Verlage und Buchhandel, bevor er sich aus gesundheitlichen Gründen als freier Mitarbeiter des Aufbau-Verlags der Herausgabe der zweiten Abteilung der Berliner Goethe-Ausgabe widmete und 1966 nach Weimar übersiedelte. Da mein Hauptgeschäft als Lektor im Weimarer Aufbau-Verlag seit 1965 die Betreuung dieser Goethe-Ausgabe war, suchte ich Seidel häufig zu Arbeitsgesprächen auf; so ergab es sich für mich beinahe von selbst, im Vorstand des Zentralen Arbeitskreises mitzuwirken. Seine Berufung als Redaktor der Schiller-Nationalausgabe hatte Seidel vor allem der Fürsprache Holtzhauers zu verdanken, der als Generaldirektor der NFG eine wichtige Position im paritätisch zusammengesetzten Verwaltungsausschuss der Schiller-Nationalausgabe einnahm und dem Seidel in dogmatischer Treue verbunden war. Seidels Berufung war das Ergebnis eines politischen Kompromisses, denn weder die Bundesrepublik noch die DDR hätten die Schiller-Nationalausgabe allein weiterführen können, weil jede Seite auf die Archivbestände der anderen angewiesen gewesen wäre. Als Redaktor hätte seiner herausragenden wissenschaftlichen Qualifikation entsprechend Eberhard Haufe berufen werden müssen, der seiner christlichen Haltung wegen seine Anstellung an der Universität Leipzig verloren hatte. Er wurde als zweiter Redaktor Seidel nachgeordnet, wiederum aus politischen Gründen blieb ihm 1978 auch die Position des Herausgebers verwehrt. In der Gedenkrede von Norbert Oellers anlässlich des fünfzigjährigen Bestehens der Schiller-Nationalausgabe finden sich über Seidel die Sätze:

> Mit seinem Eintreten in die Redaktion verminderte sich der politische Druck auf die Ausgabe spürbar; mit der Übernahme des Herausgeberamts (in der Nachfolge Frau Blumenthals) hörte er fast ganz auf. Wir alle haben Grund, Siegfried Seidel zu danken, daß er darum besorgt war, die ›Schiller-Nationalausgabe‹ an den Klippen der Politik vorbeizusteuern [...].[6]

An anderer Stelle seiner Rede, das sei ausdrücklich gesagt, hat Oellers das Geschehen um Eberhard Haufe unmissverständlich beschrieben. Dass Seidel auch den Zentralen Arbeitskreis »an den Klippen der Politik« vorbeigesteuert habe, lässt sich indes kaum sagen. In Siegfried Seidel verband sich große Liebe zu Literatur und Kunst, insbesondere zur Musik, mit einer kulturpolitischen und wissenschaftlichen Haltung, die ich vorsichtig als orthodox beschreiben möchte. Doch seine Liebe zur Kunst, sein redlicher Eifer haben ihm große Sympathien verschafft, haben auch dem Zentralen Arbeitskreis zahlreiche Mitglieder zugeführt. Zum Ende der DDR waren es mehr als 600.

Wenige Tage nach dem Fall der Mauer fanden vom 10. bis 12. November 1989 wie gewohnt die Schillertage in Weimar statt. *Schiller und die Französische Revolution* lautete das Thema. Hans-Dietrich Dahnke hielt den Hauptvortrag, ihm folgten kürzere Beiträge, darunter auch einer von mir zum Thema *Jean Paul und die Französische Revolution*. Spannungsgeladen war die Situation aber nicht aus jubiläumshistorischen Gründen. Mir ist noch in Erinnerung, wie ich am Morgen des 11. November ein wenig griesgrämig zur Weimarhalle ging – früh um 6 hatte ich eine überraschend vor der Tür stehende Familie aus dem Gebiet von Tschernobyl, die wir vorübergehend aufnehmen wollten, in meiner Wohnung notdürftig versorgen müssen –, als zwei junge Frauen meinen Weg kreuzten und mir zuriefen: »Nun freuen Sie sich doch mal.« Was meine Stimmung durchaus verbesserte.

Sehr bald danach wurde allen im Zentralen Arbeitskreis Engagierten bewusst, dass dessen Tätigkeit nicht wie bisher fortgesetzt werden konnte. Die Geschichte trat in ihre Rechte, und als historischer Störfall wurde bald offenbar, dass sich der Arbeitskreis im Herbst 1989 den Namen Schiller-Gesellschaft im Kulturbund der DDR gegeben hatte und sich diesen Vorgang auch im Rahmen der Schillertage 1989 von den Mitgliedern sanktionieren ließ. Es mutet wie ein Treppenwitz an, dass die Umbenennung im Grunde erst durch einen Brief von Karl-Heinz Schulmeister, damals noch Erster Bundessekretär des Kulturbunds, vom 8. Januar 1990 offiziell bestätigt worden ist, zu einem Zeitpunkt also, als alles schon auf die Vereinigung beider deutscher Staaten hinsteuerte. Für die Repräsentanten der Deutschen Schillergesellschaft, ihren Präsidenten Eberhard Lämmert, Ordinarius an der Freien Universität Berlin, und ihren Geschäftsführer Ulrich Ott, Direktor des Schiller-Nationalmuseums und des Deutschen Literaturarchivs, musste die Umbenennung als besonderer Stachel im Fleische wirken, rief sie doch die Umstände in Erinnerung, unter denen ausgangs der 1960er Jahre die Tätigkeit der Deutschen Schillergesellschaft in der DDR ausgelöscht worden war.

In seiner Eigenschaft als Mitherausgeber der Schiller-Nationalausgabe und Generalsekretär der Deutschen Schillerstiftung war Siegfried Seidel häufig in Marbach zu Gast und hatte Gelegenheit, mit Lämmert und Ott auch über das Schicksal der DDR-Schillergesellschaft zu sprechen. Dazu liegen mir Notizen von Seidel über Gespräche am 3. und 4. April 1990 vor, die – wie seine späteren Aufzeichnungen auch – als glaubwürdig anzusehen sind. Seidels Vorschlag, »den Wirkungskreis der Deutschen Schillergesellschaft zu erweitern

Abb. 1: Jochen Golz (damals Vorsitzender des Schillervereins Weimar) und Ulrich Ott (damals Leiter des Deutschen Literaturarchivs Marbach) vor dem Weimarer Goethe- und Schiller-Denkmal bei der Kranzniederlegung am 10. November 1992. Stadtarchiv Weimar, 53 50/62 Bd. 20. Foto: Margarete Börner.

und mit ›Sitz in Marbach und in Weimar‹ [...] anzugeben«,[7] fand bei Lämmert und Ott kein Gehör. Aus juristischen und finanziellen Gründen könne es künftig, so wurde ihm bedeutet, nur *eine* Schillergesellschaft geben. »Zugeneigt«, so Seidel, sei man aber der »Entscheidung«, »3 Personen« in den Arbeitsausschuss in Marbach zu kooptieren. »Schmerzlich«, so gibt Seidel die Äußerungen von Lämmert und Ott wieder, beklage die Deutsche Schillergesellschaft

> den Verlust ihrer Mitglieder in der DDR, deren Mitgliedschaft 1969 ausgesetzt werden mußte. Nach ihren Unterlagen handelt es sich um über 600 Mitglieder, von denen sicher ein Teil nicht mehr am Leben ist. Diese Mitglieder sollten angeschrieben und zurückgewonnen werden.

Gesprochen wurde auch über die Schillertage 1990. Vereinbart wurden Vorträge für den 10. und 11. November, in denen die Marbacher Institute vorgestellt werden sollten. Über seine Gespräche hat Seidel den Weimarer Vorstand auf dessen Beratung am 22. April 1990 in Leipzig informiert.

Am 20. Mai 1990 richteten Lämmert und Ott einen Brief, so die Adresse, an »die Mitglieder der Schillergesellschaft im Kulturbund e. V. (Sitz Weimar)«. Er sei hier vollständig wiedergegeben:

> Sehr geehrte Damen und Herren,
>
> von Herrn Dr. Seidel wissen wir, daß viele von Ihnen daran interessiert sind, das *Jahrbuch der Deutschen Schillergesellschaft* zu beziehen. Dazu gibt es zwei Wege: Es ist nun sicherlich auch wieder im Buchhandel der DDR erhältlich, oder wird jedenfalls nach der Währungsunion über den Buchhandel zu beziehen sein. Es kostet dort DM 48,--. Ein Weg, Ihnen das Jahrbuch günstiger zu verschaffen, führt nach unseren gesetzlichen Bestimmungen allein über eine zu diesem Zweck begründete Mitgliedschaft in der Deutschen Schillergesellschaft e. V., Marbach am Neckar. Der Mitgliedsbeitrag beträgt dort mit Bezug des

Jahrbuchs zwar DM 60,--, von 1991 an voraussichtlich DM 80,--; der Ausschuß der Deutschen Schillergesellschaft (Marbach) hat aber beschlossen, Bürgern der DDR die Mitgliedschaft in den ersten Jahren zu erleichtern. Der Mitgliedsbeitrag mit Bezug des Jahrbuchs soll 1990 20,-- Mark kosten, für Studenten, Schüler und andere in Ausbildung befindliche junge Menschen 10,-- Mark. Vor der Währungsunion wäre dieser Betrag als DDR-Mark zu zahlen, danach als DM. 1991 und möglicherweise auch noch in den folgenden Jahren soll der Beitrag für Bewohner der DDR jeweils neu festgesetzt werden, ermäßigt im Verhältnis der Einkommensrelationen zwischen der DDR und der Bundesrepublik. Außer dem Jahrbuch erhalten die Mitglieder für ihren Beitrag auch noch jährlich einen Band der *Marbacher Schriften* und ein *Marbacher Faksimile*.

Wir möchten es Ihnen mit diesem Beitragssatz auch leichter machen, zugleich Mitglied der Deutschen Schillergesellschaft und der Schillergesellschaft im Kulturbund der DDR zu sein. Beide Gesellschaften haben ihre eigenen Aufgaben und Ziele: Die Deutsche Schillergesellschaft hat ihre besondere Aufgabe darin, die beiden Marbacher Institute, das Schiller-Nationalmuseum und das Deutsche Literaturarchiv zu tragen. Die gesamte inhaltliche Arbeit geht von diesen Instituten aus, die sich quellensammelnd und -erschließend der deutschen Literatur von 1750 bis zur Gegenwart insgesamt widmen. Im Schiller-Nationalmuseum wird ein reiches Ausstellungsprogramm geboten, und es gibt zahlreiche Veröffentlichungen.

Wir würden uns sehr darüber freuen, wenn Sie auch Mitglied der Deutschen Schillergesellschaft e. V., Marbach am Neckar, werden würden.

Das war ein ebenso liberales wie seriöses Angebot, das freilich eine zentrale Frage offenließ. Dass die Weimarer Gesellschaft sich selbst finanzieren müsse, war allen Beteiligten im Grunde bewusst. Ob und wie die ›ruhenden‹ Mitglieder der Deutschen Schillergesellschaft angeschrieben worden sind, wäre anhand der Akten der Deutschen Schillergesellschaft zu ermitteln. Wenn es geschehen ist, wird das Echo allein schon aus Altersgründen sehr verhalten gewesen sein. Dass einer Schiller-Gesellschaft im Kulturbund zunächst noch ein Existenzrecht zugestanden wurde, hing auch damit zusammen, dass es von Seiten einiger Marbacher Mitglieder

Kritik am mangelnden Schiller-Engagement der Gesellschaft gegeben hatte. Möglicherweise erschien es aus Marbacher Sicht als reizvolle Variante, mit einer Mitwirkung an den Weimarer Schillertagen den Schiller-Interessen der eigenen Mitglieder entgegenzukommen.

Was nun geschah, hing unmittelbar mit dem raschen Verlauf der politischen Entwicklung, mit der Währungsunion und dem Vollzug der deutschen Einheit zusammen. Am 26. August 1990 schrieb Siegfried Seidel Ulrich Ott einen langen Brief, in dem er die Alternative »Auflösung der Weimarer Gesellschaft im November oder Fortsetzung der Tätigkeit unter anderen Voraussetzungen« entwickelte und zugleich seinen persönlichen Rückzug ankündigte. In seinem Brief plädierte er für die Weiterführung der Pädagogentreffen und der Schillertage, die von »ein[er] Art Regionalvereinigung« organisiert werden könnten und zu denen auch die Marbacher Mitglieder eingeladen werden sollten; zudem formulierte er den Wunsch, der Weimarer Vorsitzende sollte dem Marbacher Vorstand angehören bzw. der »Vizepräsident der Gesellschaft sein«, musste aber die Frage der Finanzierung der Weimarer Tätigkeit (bis dahin mit einem hauptamtlichen Mitarbeiter) vollkommen offenlassen.

Vom 15. bis 22. September 1990 hielt sich Seidel in Marbach auf, dort sprach er am 19. September mit Lämmert und Ott. »Natürlich könnte es«, so resümierte Seidel die Argumente seiner Gesprächspartner, »einen Weimarer Schillerverein geben, nur müßte er sich selbst finanzieren«, also ehrenamtlich tätig sein. »Ich sagte«, so Seidel in seinen Aufzeichnungen,

> daß ich den Marbacher Standpunkt zwar verstehen kann, jedoch die Stellungnahme zu meinem Brief [wohl den vom 26. August] keinerlei Entgegenkommen bezeuge, so daß wir dann wohl am 11. November die Weimarer Gesellschaft auflösen müßten.

In der Vorstandssitzung der Weimarer Gesellschaft am 6. Oktober wurde nach einigem Hin und Her der Beschluss gefasst, die Schillertage 1990 zwar noch durchzuführen, aber in der Mitgliederversammlung den Antrag auf Auflösung der Gesellschaft zu stellen.

Im Zeichen der deutschen Vereinigung standen die Schillertage 1990. Vorträge hielten Hans-Georg Werner aus Halle und Norbert Oellers aus Bonn, Jutta Hecker, neu zu Ehren gekommen, las aus einem ihrer Bücher. Es gab ein Sinfoniekonzert und Theateraufführungen; Michael Davidis, Leiter der Bildabteilung in Marbach, stellte in einem Lichtbildervortrag Schiller-Nationalmuseum und Deutsches Literaturarchiv vor. Kern des Ganzen aber war die Mitgliederversammlung, die ich zu leiten hatte und deren turbulenter Verlauf mir noch vor Augen steht. Dass es turbulent zuging, hatte nicht zuletzt in Seidels Rechenschaftsbericht seine Ursache, der sich aus heutiger Sicht als eine Mischung aus (nicht unberechtigter) Erfolgsbilanz und nostalgischem Trotz darstellt. Schon seine Aussage, dass es »kein Beispiel einer Einmischung oder Reglementierung von oben« gegeben habe, muss durch den Kommentar ergänzt werden, dass dazu angesichts von Seidels Einverständnis mit der politischen Obrigkeit auch keine administrative Notwendigkeit bestand. Die Gesellschaft habe sich als »Schillerfamilie« verstanden, und man habe »im Rahmen des Möglichen alles Denkbare getan«. Vorstand und Mitglieder seien »von dem ehrlichen Wollen, dem unermüdlichen persönlichen Engagement und dem hohen Idealismus Schillerscher Prägung« bestimmt gewesen. »Wir haben«, so fuhr Seidel im Tone trotziger Behauptung fort, »etwas Gutes gewollt und geleistet und lassen uns dafür nicht verketzern.« »Natürlich«, so räumte er ein, war es ein schmerzlicher Vorgang für die Marbacher Gesellschaft, als Mitte der sechziger Jahre nach dem Tode von Ministerialrat Friedrich Stier die Fäden zu den Mitgliedern in der DDR dünner wurden, sich auf Privatkontakte verlagerten, die Zusendung des Schiller-Jahrbuchs nicht mehr behördlicherseits gestattet wurde. – Der Kulturbund ist seit einem Jahr in die Diskussion geraten und wird unterschiedlich beurteilt; er wird als Exponent der sozialistischen Kulturpolitik als politisch belastet angesehen. – Man kann über diese und andere Vorgänge und Erscheinungen denken wie man will, eines steht fest: Zwei Schiller-Gesellschaften kann es in Deutschland nicht geben. Wir haben verhandelt, doch unsere Bemühungen, einen Status zu finden, der unseren Erhalt in gegebener oder modifizierter Form im Rahmen der Deutschen Schillergesellschaft sichert, sind gescheitert. In den Gesprächen wurden unsere jahrzehntelangen Leistungen durchaus anerkannt, aber eine Periode deutscher Geschichte in Mitteldeutschland ist vorbei und das, was war – im ganzen wie im einzelnen –, kann auch nicht in leicht veränderten Bahnen fortgeführt werden. So schmerzlich das für uns alle und für jeden einzelnen ist: Wir sind am Ende dieser Entwicklungsform angekommen.

Auch wenn Seidel im weiteren Verlauf seines Berichtes das Profil eines künftigen Weimarer Vereins zu skizzieren suchte, so erregte doch seine sympathieheischende Berufung auf die Leistungen der Vergangenheit dergestalt die Gemüter, dass von etlichen Getreuen die Forderung erhoben wurde, Marbach solle sich doch Weimar anschließen. Ulrich Ott, der als Anwalt der Deutschen Schillergesellschaft argumentierte, und ich hatten keinen leichten Stand.

Statt meine eigene Erinnerung weiter zu bemühen, möchte ich einen Artikel von Elke Richter aus der *Thüringischen Landeszeitung* vom 17. November 1990 zitieren, in dem das Geschehen in der Mitgliederversammlung klug und besonnen beschrieben wird:

> In der emotional geprägten Diskussion hatten es sowohl der Weimarer Vorstand als auch der Geschäftsführer der Deutschen Schillergesellschaft Dr. Ulrich Ott schwer, von der Notwendigkeit dieser Auflösung zu überzeugen. So wurde das Marbacher Angebot,

wieder allen Schillerfreunden in Ost und West offenzustehen, zunächst eher resignativ als ›Einverleibung‹ und ›Selbstaufgabe‹ angesehen. Bei allem Verständnis für die persönliche Betroffenheit der Beteiligten, vielleicht hätte etwas mehr von der tags zuvor angemahnten kritischen Besinnung auf die eigene Geschichte dem Ganzen gut getan. Immerhin war die Marbacher Gesellschaft bis vor etwa 25 Jahren noch gesamtdeutsch, ehe restriktive SED-Politik gewachsene Bedingungen löste, die Mitgliedschaft für DDR-Bürger ›ruhen‹ mußte und das in Marbach herausgegebene renommierte Jahrbuch privat nicht mehr bezogen werden durfte. Selbst wenn man Dr. Seidel soweit folgen kann, daß der Zentrale Arbeitskreis Friedrich Schiller, dessen Umbenennung in Schiller-Gesellschaft erst 1989/90 erfolgte, sich in erster Linie als Bewahrer und Verbreiter des Schillerschen Werkes und niemals als Instrument einer Ideologie verstanden habe, so sind doch die politischen Implikationen seiner Gründung im Jahre 1970 nicht zu übersehen. Letztlich aber überzeugten vor allem finanzielle Zwänge die Mitglieder von der Unabdingbarkeit der Auflösung, denn weder Kulturbund noch Kulturfond sind als künftige Träger noch denkbar. Eine Hoffnung mag dennoch für viele die angekündigte Gründung eines eingeschriebenen Vereins der Weimarer Schillerfreunde sein, der sich überregional organisieren und eng mit der Deutschen Schillergesellschaft in Marbach zusammenarbeiten könnte. Zumindest ein Teil der verdienstvollen pädagogischen und populärwissenschaftlichen Aktivitäten vergangener Jahre könnte auf diese Weise fortgeführt werden.

Unter dem 20. November 1990 schrieb Seidel den ehemaligen Mitgliedern der Schiller-Gesellschaft im Kulturbund e. V. einen Brief, in dem es u.a. hieß:

> Unter den gegebenen Umständen vermieden wir ein Hinauszögern, sondern waren für klare Entscheidungen. Veränderte gesellschaftliche Voraussetzungen erfordern ein neues Konzept, und so schlossen wir mit einem reichen kulturellen Angebot eine 20-jährige Entwicklung mit den »Schiller-Tagen« 1990 würdig ab und orientieren zugleich auf die Zukunft. Aufbauend auf den guten Ansätzen und Leistungen der Vergangenheit, nicht nur der letzten Jahrzehnte, soll eine neue Vereinigung, die vorerst »Weimarer Schillerfreunde e. V.« genannt wird, entstehen, die in enger Bindung an die NFG Weimar und an die Deutsche Schillergesellschaft, Sitz Marbach, tätig sein soll und Persönlichkeiten aus allen Teilen Deutschlands zu gewinnen sucht,

die sich der *Schiller*stadt Weimar verbunden fühlen. Eine gute Zusammenarbeit mit der Friedrich-Schiller-Universität und der Stadt Jena wird angestrebt. Viel Initiative und neue Ideen sind gefragt.

Wer in der neuen Vereinigung mitarbeiten möchte, kann sich wenden an:

Frau Christina Tezky, Schillermuseum der NFG, Weimar
Herrn Dr. Jochen Golz, NFG Weimar, Am Burgplatz 4
Herrn Dr. sc. Volker Wahl, Goethe- und Schiller-Archiv der NFG, Weimar, Hans-Wahl-Str. 4
Herrn Dr. sc. Siegfried Seidel, Weimar, An der Lehne 6.

Seidels abschließende Wendung »Ich hoffe auf ein Wiedersehen zu den Schiller-Tagen 1991« sollte sich leider nicht bewahrheiten; er hat die Schillertage nicht mehr erlebt.

Die in Elke Richters Artikel artikulierte Hoffnung sollte mit der Gründung des Weimarer Schillervereins am 10. November 1991 in Erfüllung gehen. Ein gehaltvolles Programm war für den 8. bis 10. November vorbereitet worden. Den unmittelbaren Anlass bot eine *Fiesko*-Inszenierung des Deutschen Nationaltheaters von Leander Haußmann, mit dem nach der Vorstellung auch diskutiert wurde. Kurt Wölfel aus Bonn interpretierte Schillers Drama, Horst Nahler aus Weimar erläuterte philologische Zusammenhänge. Dieter Mann, vielen hoffentlich noch als exzellenter Darsteller in Erinnerung, las Texte von Schiller. Keiner der drei ist noch am Leben. Beschlossen wurde am 10. November auf der Gründungsversammlung eine Satzung, deren erster Paragraph lautete: »Der Weimarer Schillerverein hat den Status eines rechtlich selbständigen Zweigvereins der Deutschen Schillergesellschaft e. V. zu Marbach am Neckar und ist in ihrem Ausschuß vertreten.« So war das Problem gelöst worden, einerseits eine Ortsvereinigung der Marbacher Satzung entsprechend nicht zuzulassen, andererseits einen rechtlichen Zusammenhalt zwischen Marbach und Weimar herzustellen. Die Anwesenden wählten einen Vorstand, der aus seiner Mitte heraus mich zum Vorsitzenden, Frau Tezky zur Geschäftsführerin berief. An unsere gemeinsame Arbeit denke ich gern zurück, ebenso an mein stets harmonisches Zusammenwirken mit der leider schon verstorbenen Christa Rudnik. Die Vertretung im Ausschuss der Schillergesellschaft habe ich ebenso gern wahrgenommen, zumal wir in Ulrich Ott und in Friedrich Pfäfflin, der eine Reihe von Jahresgaben als Ausstatter und Hersteller vorzüglich betreut hat, verlässliche Partner besaßen, die uns auch finanziell beisprangen. Eberhard Lämmert und Ulrich Ott waren mehrfach Gast zu den Weimarer Schillertagen, mindestens einmal hat Lämmert, so erinnere ich mich, auch am Denkmal auf dem Theaterplatz gesprochen. Mittlerweile ist das Verhältnis zur Deutschen Schillergesellschaft ein anderes geworden, und ich schwanke in der Beurteilung: Soll man von Einkehr einer gewissen Normalität oder von spürbarer Entfremdung sprechen? Was aber von Anfang an bis auf den heutigen Tag praktiziert wird: Regelmäßig gingen Einladungen zu den Schillertagen an alle Marbacher Mitglieder heraus, und so hat sich im Laufe der Jahrzehnte ein Publikum herausgebildet, bei dem die Frage nach der konkreten Vereinszugehörigkeit in den Hintergrund getreten ist.

Blicke ich zurück, so hat der Schillerverein Weimar-Jena eine sehr respektable Entwicklung genommen, wovon auch das Niveau seiner wissenschaftlichen Publikationstätigkeit Zeugnis ablegt. Möge diese Entwicklung auch künftig von Erfolg und vom Zuspruch der Mitglieder begleitet sein.

## Anmerkungen

1. Zitiert nach: Marbacher Chronik. Zur Geschichte der Deutschen Schillergesellschaft, des Schiller-Nationalmuseums und des Deutschen Literaturarchivs 1953–1979. Hrsg. von den Mitarbeitern. Marbach 1979. Dieser Chronik habe ich auch die Angaben zum Mitgliederstand entnommen.
2. Vgl. den Beitrag von Günter Jäckel, Vorsitzender der Ortsvereinigung Dresden, betitelt *Die Ortsvereinigung Dresden zwischen 1962 und heute. Ein Erfahrungsbericht.* In: Goethe in Gesellschaft. Zur Geschichte einer literarischen Vereinigung vom Kaiserreich bis zum geteilten Deutschland. Hrsg. von Jochen Golz und Justus W. Ulbricht. Köln/Weimar/Wien 2005, S. 203–215.
3. Vgl. Volker Wahl: Friedrich Stier (1886–1966). In: Die Pforte. Veröffentlichungen des Freundeskreises des Goethe-Nationalmuseums 11 (2012), S. 62–83.
4. Bernhard Zeller: Marbacher Memorabilien. Vom Schiller-Nationalmuseum zum Deutschen Literaturarchiv 1953–1973. Deutsche Schillergesellschaft Marbach am Neckar 1995, S. 270.
5. Ebd.
6. Norbert Oellers: Fünfzig Jahre Schiller-Nationalausgabe – und kein Ende? Marbach am Neckar 1991, S. 25.
7. Überliefert ist diese Aufzeichnung im Bestand »Zentraler Arbeitskreis Friedrich Schiller im Goethe- und Schiller-Archiv (166)«. Auch die Dokumente, aus denen im Folgenden zitiert wird, stammen aus diesem Bestand.

# Siglen

BA    Friedrich Schiller: Sämtliche Werke. Hrsg. von Hans-Günther Thalheim u.a. 10. Bde. Berlin u.a. 1980–1990 [Neuauflage Berlin 2005].

DWb    Deutsches Wörterbuch von Jacob und Wilhelm Grimm. 16 Bde. Leipzig 1854–1954.

FA/G    Johann Wolfgang Goethe: Sämtliche Werke. Briefe, Tagebücher und Gespräche. Hrsg. von Friedmar Apel u.a. 40 Bde. Frankfurt am Main 1985–2013.

FA/S    Friedrich Schiller: Werke und Briefe. Hrsg. von Otto Dann. 12 Bde. Frankfurt am Main 1988–2004.

GB    Johann Wolfgang Goethe: Briefe. Historisch-kritische Ausgabe. Im Auftrag der Klassik-Stiftung Weimar / Goethe- und Schiller-Archiv / (ab 2017:) In Verbindung mit der Sächsischen Akademie der Wissenschaften zu Leipzig und der Mainzer Akademie der Wissenschaften und der Literatur im Auftrag der Klassik Stiftung Weimar / Goethe- und Schiller-Archiv hrsg. von Georg Kurscheidt, Norbert Oellers und Elke Richter. Bd. 1 ff. Berlin 2008 ff.

GJb    Goethe-Jahrbuch. – Jahrbuch der Goethe-Gesellschaft. – Goethe. Vierteljahresschrift der Goethe-Gesellschaft. Neue Folge des Jahrbuchs. – Goethe. Viermonatsschrift der Goethe-Gesellschaft. Neue Folge des Jahrbuchs. – Goethe. Neue Folge des Jahrbuchs der Goethe-Gesellschaft. – Goethe-Jahrbuch. 1880 ff.

GT   Johann Wolfgang Goethe: Tagebücher. Historisch-kritische Ausgabe. Im Auftrag der Stiftung Weimarer Klassik hrsg. von Jochen Golz unter Mitarbeit von Wolfgang Albrecht, Andreas Döhler und Edith Zehm (ab 2014:) Im Auftrag der Klassik Stiftung Weimar hrsg. vom Goethe- und Schiller-Archiv. Bd. 1 ff. Stuttgart/Weimar 1998 ff.

GSA  Klassik Stiftung Weimar, Goethe- und Schiller-Archiv

GWb  Goethe Wörterbuch. Begründet von Wolfgang Schadewaldt. Hrsg. von der Deutschen Akademie der Wissenschaften zu Berlin (ab 1972: Akademie der Wissenschaften der DDR; ab 1992 Berlin-Brandenburgische Akademie der Wissenschaften), der Akademie der Wissenschaften zu Göttingen und der Heidelberger Akademie der Wissenschaften. Bd. 1 ff. Stuttgart/Berlin/Köln/Mainz 1978 ff. (1. Lieferung 1966).

JDSG Jahrbuch der Deutschen Schillergesellschaft. Internationales Organ für neuere deutsche Literatur. Berlin 1957 ff.

MA   Johann Wolfgang Goethe: Sämtliche Werke nach Epochen seines Schaffens. Münchner Ausgabe. Hrsg. von Karl Richter in Zusammenarbeit mit Herbert G. Göpfert, Norbert Miller, Gerhard Sauder und Edith Zehm. 21 Bde. München/Wien 1985–1998; Registerband 2014.

NA   Schillers Werke. Nationalausgabe. 1940 begründet von Julius Petersen. Fortgeführt von Lieselotte Blumenthal, Benno von Wiese, Siegfried Seidel. Hrsg.

im Auftrag der Stiftung Weimarer Klassik und des Schiller-Nationalmuseums in Marbach von Norbert Oellers. Bd. 1 ff. Weimar 1943 ff.

SW    Friedrich Schiller: Sämtliche Werke. 5 Bde. Auf der Grundlage der Textedition von Herbert G. Göpfert hrsg. von Peter-André Alt, Albert Maier und Wolfgang Riedel. München 2004.

WA    Goethes Werke. Hrsg. im Auftrage der Großherzogin Sophie von Sachsen. I. Abtheilung: Werke. II. Abtheilung: Naturwissenschaftliche Schriften. III. Abtheilung: Tagebücher. IV. Abtheilung: Briefe, Weimar 1887–1919 [Reprint München 1987]; Goethes Werke. Weimarer Ausgabe. Nachträge und Register zur IV. Abteilung: Briefe. Hrsg. von Paul Raabe. 3 Bde. München 1990.

# Autor*innen

BENTHIEN, Claudia, Prof. Dr., Universität Hamburg

EDER, Antonia, PD Dr., Karlsruher Institut für Technologie

PORT, Ulrich, Prof. Dr., Universität Trier

# Publikationen des Schillervereins Weimar-Jena e.V.

2022: SCHILLER-STUDIEN 2: Freiheit im Werden? Schillers Vorlesungen an der Universität Jena. Mit Beiträgen von Georg Schmidt, Andrea Marlen Esser und Andreas Schmidt. Hannover 2023. ISBN: 978-3-86525-982-0.

2021: SCHILLER-STUDIEN 1: Schillers Krankheiten. Pathographie und Pathopoetik. Mit Beiträgen von Peter-André Alt, Cornelia Zumbusch und Wolfgang Riedel. Hannover 2022. ISBN 978-3-86525-939-4

2020: Schillers Nachleben in Goethes Denken und Dichten. Mit Beiträgen von Achim Aurnhammer, Helmut Hühn und Ariane Ludwig. ISBN 978-3-00-067383-2

2019: Friedrich Schiller und Wilhelm von Humboldt. Mit Beiträgen von Cord-Friedrich Berghahn, Manfred Geier und Michael Maurer. ISBN 978-3-00-063950-0

2018: Schiller und die Romantik. Mit Beiträgen von Alice Stašková, Nikolas Immer und Astrid Dröse. ISBN 978-3-00-060572-7

2017: Schillers Balladen. Mit Beiträgen von Eva Axer, Klaus Dicke und Anne-Sophie Renner. ISBN 987-3-00-056831-2

2016: Charlotte von Schiller als Dramatikerin, Übersetzerin und Leserin Goethes. Mit Beiträgen von Gaby Pailer, Ariane Ludwig und Helmut Hühn. ISBN 987-3-00-053455-3

2015: Schiller und seine Verleger. Mit Beiträgen von Siegfried Seifert und Bernhard Fischer. ISBN 987-3-00-050201-9

2014: Schillers *Wallenstein*. Mit Beiträgen von Norbert Oellers, Gerrit Brüning und Claudia Sandig. ISBN 978-3-00-047377-7

2013: Schillers Schreiben. Mit Beiträgen von Jörg Robert, Sebastian Böhmer und Matthias Löwe. ISBN 978-3-00-042923-1

2012: Schillers Lyrik. Mit Beiträgen von Jutta Heinz, Volker C. Dörr und Thomas Boyken. ISBN 978-3-00-038832-3

2011: Friedrich Schiller – Orte der Erinnerung. Mit Beiträgen von Paul Kahl, Michael Davidis und Lutz Unbehaun. ISBN 978-3-00-035582-0

2010: Schiller und Europa. Mit Beiträgen von Daniel Fulda, Birgit Harreß, Stefan Matuschek, Eric Moesker, Yvonne Nilges und Gert Ueding. ISBN 978-3-00-032000-2

2009: Schillers Familie. Mit Beiträgen von Michael Davidis, Gaby Pailer und Christine Theml. ISBN 978-3-937384-55-9

2008: Schiller und der Weimarer Hof. Mit Beiträgen von Alexander Schmidt, Nikolas Immer und Olaf Müller. ISBN 978-3-937384-43-6

2007: Schiller und Frankreich. Mit Beiträgen von Michael Hofmann und René-Marc Pille. ISBN 978-3-937384-32-0

2006: Schiller 2005. Mit Beiträgen von Friedrich Dieckmann und Norbert Oellers. ISBN 978-3-937384-22-7

2005: Der dreifache Demetrius. Schiller, Hebbel, Braun. Mit Beiträgen von Mirjam Springer, Monika Ritzer und Bernd Leistner. ISBN 978-3-937384-12-x

2004: Das Schöne und das Erhabene. Mit Beiträgen von Brigitta-Sophie von Wolff-Metternich und Michael Hofmann. ISBN 978-3-937384-01-4

2003: *Das Eleusische Fest*, *Kassandra*. Zu zwei Gedichten Schillers. Mit Beiträgen von Jochen Golz und Andrea Bartl. ISBN 978-3-933679-87-7

2002: »...schwankt sein Charakterbild in der Geschichte«. Zu Schillers *Wallenstein*. Mit Beiträgen von Dieter Borchmeyer und Hans-Dietrich Dahnke. ISBN 978-3-933679-75-3

2001: Am Beginn der Moderne. Schiller um 1800. Mit Beiträgen von Norbert Oellers und Wolfgang Riedel. ISBN 978-3-933679-63-X

2000: Die »ganze moralische Welt« und die Despotie des Ideals. Zu Schillers *Don Karlos*. Mit Beiträgen von Klaus Manger und Regine Otto. ISBN 978-3-933679-48-6

1999:   *Kabale und Liebe* – ein Drama der Aufklärung? Mit Beiträgen von Peter-André Alt und Hans-Jürgen Schings. ISBN 978-3-933679-26-5

1998:   Caroline von Wolzogen (1763–1847). Tagungsband. Hrsg. von Jochen Golz. ISBN 978-3-929146-86-X (vergriffen)

1997:   B. K. Tragelehn: Räubertheater; Bernd Leistner: Der beleidigte Halbgott. Zum entstehungsgeschichtlichen Kontext von Schillers Balladen; Hans-Dietrich Dahnke: *Der Kampf mit dem Drachen*. Von Dienstbarkeit und Indienstnahme einer Dichtungsart. ISBN 978-3-929146-67-3

1996:   Christian Hecht: »Mich hält kein Band, mich fesselt keine Schranke«. Das Schillerzimmer im Weimarer Schloß; Rolf Selbmann: Der Gipfel der deutschen Poesie. Rietschels Goethe-Schiller-Denkmal im Kontext. ISBN 978-3-929146-54-1

1995:   Jochen Golz: »Glückliches Ereigniß«; Helmut Brandt: Goethe und Schiller – das Bündnis der Antipoden; Klaus Manger: Die »Sternenstunde« von Schillers *Wallenstein*. ISBN 978-3-929-146-36-3 (vergriffen)

1994:   *Wunderseltsame Historia*. Ein politisches Gedicht aus dem Jahr 1783. Faksimile der Handschrift und des Erstdrucks, ausgelegt von Georg Kurscheidt und Volker Wahl. ISBN 978-3-929146-18-5 (vergriffen)

1993:   Wolfram Huschke: Schiller-Vertonungen im frühen 19. Jahrhundert; Wolfgang Marggraf: Schiller auf der italienischen Opernbühne. ISBN 978-3-929146-11-8

1992:   Kurt Wölfel: Der Held und das Panoptikum der Macht und der Tugend. Über Schillers *Fiesko*; Horst Nahler: Ein »Produkt der Begeisterung« in den »Gränzen der Theatralischen Welt«. Die Fassungen von Schillers *Fiesko*-Drama. ISBN 978-3-928882-69-4